国际工程教育丛书

周 济 徐立辉 陈会民 贺世宇 编著

工程教育国际合作：
挑战与对策

清华大学出版社

北京

图书在版编目(CIP)数据

工程教育国际合作:挑战与对策/周济等编著. —北京:清华大学出版社,2024.4
(国际工程教育丛书)
ISBN 978-7-302-65990-7

Ⅰ.①工… Ⅱ.①周… Ⅲ.①高等教育-工科(教育)-国际合作-研究 Ⅳ.①G649.1

中国国家版本馆 CIP 数据核字(2024)第 068508 号

责任编辑:马庆洲
封面设计:常雪影
责任校对:赵丽敏
责任印制:丛怀宇

出版发行:清华大学出版社
  网 址:https://www.tup.com.cn,https://www.wqxuetang.com
  地 址:北京清华大学学研大厦 A 座 邮 编:100084
  社 总 机:010-83470000 邮 购:010-62786544
  投稿与读者服务:010-62776969,c-service@tup.tsinghua.edu.cn
  质量反馈:010-62772015,zhiliang@tup.tsinghua.edu.cn
印 装 者:河北鹏润印刷有限公司
经 销:全国新华书店
开 本:165mm×240mm 印 张:8.25 字 数:142 千字
版 次:2024 年 4 月第 1 版 印 次:2024 年 4 月第 1 次印刷
定 价:58.00 元

产品编号:103104-01

总　序

近年来,中国工程院设立工程科技咨询研究课题,开展了"工程教育改革与发展研究""创新型工程科技人才培养研究""建立具有国际实质等效性的中国高等工程教育专业认证制度研究""院校工程教育的工程性与创新性问题研究""工程教育专业认证制度与工程师注册制度衔接问题的研究""国际工程教育合作战略研究""'一带一路'工程科技人才培养及人文交流研究""构建工程能力建设研究"等一系列课题研究。这些研究具有重要的理论意义和现实意义,是加快我国创新型国家建设的迫切需要,是推动工程师培养制度改革的需要,是促进工程科技人才培养与人文交流的需要。这些课题的研究有利于提出相关政策建议,对于深化工程科技人才培养、鼓励和引导工程科技人才成长具有重要的战略意义。

特别要强调的是,在中国工程院和清华大学共同申请和推动下,2015年11月经联合国教科文组织(UNESCO)第38次大会批准、2016年6月联合国教科文组织国际工程教育中心(ICEE)在北京正式签约成立。该工程教育中心以联合国教科文组织"可持续发展"的宗旨和原则为指导,以推动建设平等、包容、发展、共赢的全球工程教育共同体为长期愿景,围绕全球工程教育质量提升与促进教育公平的核心使命,致力于建设智库型的研究咨询中心、高水平的人才培养基地和国际化的交流合作平台。

目前,国际工程教育中心研究人员牵头承担或作为核心成员参与联合国教科文组织、中国工程院、国家自然科学基金委、国家教育部委托的重大咨询研究项目,在提升中心的国际影响力、政策影响力和学术影响力等方面发挥越来越大的作用。

　　为了更好地反映国际工程教育发展的过程和趋势，反映工程教育中心的研究成果，拟将近年来完成的报告、论文等汇集出版。

　　这些资料真实地记录了近些年来我国工程教育研究的发展进程。这些成果作为工程教育的研究方法和政策过程是有一定的回顾意义和现实意义的，反映了我国工程教育发展进程中的历史价值，以供后来者对工程教育研究历史进行梳理和追溯。

　　世界处于百年未有之大变局中，工程科技突飞猛进既是百年变局的一项基本内容，也是百年变局的基本推动力量。全球科技创新进入空前密集活跃的时期，这对于工程领域人才培养和人文交流模式变革，对于提高国家竞争力都提出了非常迫切和现实的要求。可以说，这就是我们编写和出版此书的意义所在。

　　培养造就大批德才兼备的卓越工程师，是国家和民族长远发展大计。工程教育和工程师培养是国家人才战略的重要组成部分，人才培养为推进新型工业化、推进中国式现代化提供了基础性战略性支撑。当前，广大工程教育工作者和广大工程师以与时俱进的精神、革故鼎新的勇气、坚韧不拔的定力，不断突破关键核心技术，铸造精品工程、"大国重器"。

　　工程教育界的同仁们牢记初心使命、胸怀"国之大者"，矢志爱国奋斗、锐意开拓创新，不断提升国家自主创新能力，更好满足人民日益增长的美好生活需要，为加快实现高水平科技自立自强、建设世界科技强国作出突出贡献。

2024 年 1 月于北京

[吴启迪，教授，联合国教科文组织国际工程教育中心（ICEE）副理事长兼中心主任，清华大学工程教育中心主任，曾任教育部副部长、同济大学校长等职。]

目 录

第一章　工程教育与国际合作的挑战与机遇

席卷全球的新冠疫情加速了百年未有之变局的进程,对人类的生存和发展构成了一次前所未有的大危机,对全球治理体系形成了一次巨大挑战。这次疫情成为人类历史的全新分界线,即新冠疫情之前的时代和新冠疫情之后的时代。所谓新冠疫情之后的时代,并不是我们想象的疫情完全消失,一切恢复如初的状态。事实上,我们永远也不可能回归到新冠疫情之前的世界。如今,疫情时起时伏、随时都有可能小规模暴发、从外国外地回流以及季节性的发作,而且迁延较长时间,对各方面产生深远影响的时代。[①] 本项目研究将新冠疫情的发生作为一个重要的分水岭,重点关注新冠疫情发生之后的工程教育发展变化与国际合作形势走向。需要澄清的是,新冠疫情前后的工程教育与国际合作的发展变化并非是绝对的,有些变化可能在新冠疫情之前已初露端倪,比如在线教育、中美关系等,新冠疫情的暴发则加剧了这种变化,甚至改变了其发展变化的方向。

一、当前工程教育与国际合作面临的挑战

(一)全球产业链重组速率加快

新冠疫情的突然暴发和持续演化,对经济、政治、社会各方面带来重大冲

[①]　王竹立.后疫情时代,教育应如何转型[J].电化教育研究,2020,041(004):13-20.

击和影响,充分暴露了当前全球产业链、供应链的脆弱性。以下趋势值得关注:

新冠疫情正在导致生产要素和生产分工的重新布局。在全球化初期,自然资源要素成本和生产过程成本等,是跨国公司进行全球生产布局和产业转移的重要参考因素。随着全球化分工的不断深化,市场主体对其他因素的要求也越来越高,如劳动力技术水平、市场规模、知识产权保护、营商环境、软硬件基础设施等都成为跨国公司战略布局的重要决策因素。亚非拉等发展中经济体,虽然劳动力成本较低,但由于其国内经济发展水平较低、法律法规制度不完善、劳动力素质偏低、基础设施落后等诸多原因,未能有效参与全球分工体系。随着全球化进程的加深,生产要素在不同国家和地区间的流通次数增加,运输距离过长,生产和贸易的物流成本和时间成本加大,最终会影响产品的生产和贸易成本。新冠疫情暴发后,大宗物品价格攀升,劳动者失业率上升,物流运输通道受阻,大量生产和贸易活动停滞,原有的全球产业链和供应链随时有断链的风险,大多数产业结构不完整的国家都不同程度地出现了生产资料和生活资料严重匮乏的现象。很多国家采取了关闭边境、限制人员流动等严格措施,越来越多的企业通过收缩供应链、多元化产业链等方式,以效率和成本为代价换取稳定充足的库存来保障供应。

新冠疫情影响全球产业链转移的方向和速率。20 世纪 60 年代以来,发达国家逐渐将低端产业链大规模地向发展中国家转移,仅保留了具有高附加值的高端制造业和服务业,这造成了疫情暴发后发达国家在口罩、洗手液、卫生纸等基础物资的生产和储备方面严重依赖国际市场。① 在高度相互依存的产业链中,一旦上游某一国家的工厂停工或运输中断,处于下游的国家将受到巨大影响,从而导致整条产业链、供应链中断。这暴露出由比较优势和市场原则决定的全球化经济体制的脆弱性。例如,中国处于纺织品、钢铁、汽车、计算机、电子、化学制药等行业供应链的核心地位,占全球制造业比重的 27%,中国若陷入生产停摆的状态,世界多国产业链的正常运转将会受到严重影响。② 再如,欧美西方发达国家已经开始谋划新的产业调整方向,重点布局绿色、数字

---

① 高飞,王冬. 后疫情时代的国际形势与中国对策[J]. 和平与发展,2021(01):1-17,130,136-142.

② 全毅. 新冠肺炎疫情对世界经济政治格局的影响[J]. 和平与发展,2020(03):1-17,132.

等新兴产业和能源、电子和基础设施等新兴和战略产业,大力推动全球范围内的产业链、供应链、价值链的改造与重组。① 可以说,与疫情暴发前相比,全球产业链迁移的方向和速率都发生了不同程度的变化。疫情暴发之后,全球产业链的分工可能无法恢复到疫情之前的状态,各国政府需要重新思考自身产业结构的弊端和在全球产业链中的定位,采取政策措施以保护本国产业链安全。

新冠疫情加剧了国家间产业链竞争的政治操纵。近年来,特别是在新冠疫情暴发后,作为世界第一科技大国,美国的地位面临严峻挑战。2008 年,国际金融危机后,美国政府重新意识到实体经济特别是制造业的重要性,实施了一系列政策促进制造业回流。例如,制定《美国复兴与再投资法案》《美国清洁能源与安全法案》《美国制造业促进法案》等,设立专门机构鼓励制造业回归本土。新冠疫情暴发后,美国政府通过政治操纵,出台了一系列贸易保护主义措施,对华为、中兴等中国高新技术企业设立实体清单,试图通过打"贸易战""科技战"阻挠中国向全球产业链中上游发展。美国总统高级顾问纳瓦罗曾公开表示,"贸易战"就是为了"让中国退出全球产业链"。某些西方大国对科技和产业竞争的政治操纵,改变了市场准入机制和公平竞争机制,直接影响全球产业链的布局和发展。

总之,在经济发展层面,疫情造成绝大部分国家的经济活动停滞,人员流动受限,生产成本急速上升,经济效率大幅降低;在政治层面,一些西方国家贸易和投资保护主义上升,新"冷战"思维抬头,地缘冲突加剧,脱钩退群活动不断;在社会发展层面,新冠疫情导致的生命健康危机与气候变化、能源危机、粮食危机等风险叠加。需要指出的是,新冠疫情的暴发虽然加剧了全球化发展的不确定性,但是从长期看,经济因素和科技因素仍然是影响全球产业链重新布局的根本性力量,政治因素和自然不可抗力对全球产业链布局造成的扰动强度正在上升。

新冠疫情之后,预计全球产业链布局会出现以下特点:

第一,经济全球化的进程可能放慢脚步,产业链、供应链调整重组必然发生,但不可能轻易中断。世界各国之间无法完全摆脱相互依存的关系。即使欧美一些国家提出制造业回流,改变生产要素的全球化配置形态也是一个极其漫长的过程。特别是作为关键生产要素的科学技术,需要各国顶尖人才团

---

① 崔洪建. 疫情对世界格局变化的双重作用[J]. 国际问题研究,2020(03):50-56.

队精诚合作，共同攻克前沿科技难题。资本、科技与政治之间的力量博弈，可能会使全球化的发展趋势呈现出"有限性""区域性""既竞争又合作""本土化与国际化兼容"的新特点。

第二，新冠疫情后北美、欧洲和亚洲的产业链或将呈现区域化特征。新冠疫情后，许多国家的内顾倾向可能增强，对安全性和稳定性的要求上升。国际分工的专业化和精细化，导致部分产业链过于集中在某个国家或地区，造成全球产业链脆弱性较高。一旦遇到部分重大冲击（如此次新冠疫情），将使全球产业链、供应链面临严重的"断链"风险。此次新冠疫情后，一些国家可能出于分散风险、强化关键战略产业的供应安全等考虑，纷纷出台加快产业回流的战略部署。例如，美国通过税收杠杆迫使跨国公司将海外利润生产环节回迁本国；日本出台的经济刺激计划，通过"供应链改革"，支持日本企业把产能搬回国内，或实现生产基地多元化，其重点是鼓励口罩、酒精消毒液、医用防护服、人工呼吸器等与国民健康相关的产业回归国内；在欧洲，英国、法国、德国等则提出加强医疗设备等战略重要性物资的生产，减少对外依赖等政策；东南亚国家，例如越南、印度尼西亚、菲律宾、马来西亚等吸纳中低端制造业的能力将进一步提高。

第三，新冠疫情后全球产业链或将更加多元化、扁平化。在风险规避驱动和政府主动引导下，跨国公司在全球生产供应链的布局将兼顾效率与风险的平衡，而非仅考虑收益成本问题，这将推动全球产业链、供应链向多元化发展。新冠疫情进一步暴露了大多数企业过于依赖一两个主要供应来源的风险。大量企业将会重新评估其供应链，建立更有弹性、多元化的供应链，规避贸易壁垒，降低突发事件带来的冲击，防范断供风险。但供应链重组并不意味着完全本土化，而是通过地区多元化来降低风险。以微芯片供应链为例，日本在全球微芯片供应链中占据重要地位，但福岛核事故后，很多跨国公司为分散风险，开始将部分采购和生产业务转移到韩国和中国台湾地区，而非转回本国。因此，未来全球产业链、供应链的布局将更加多元化地分布在不同的地区和国家，如在亚洲、美洲、欧洲、非洲等地域聚集形成垂直整合的产业链集群，既能实现全球的水平分工，又能实现垂直整合的生产关系。从中长期的视角来看，随着全球疫情结束以及复工复产，企业出于降低成本和分散风险的考虑，将继续推进产业链的多元化。新兴经济体劳动成本上升、机器自动化等将成为产业链区域化的内生因素，尤其是随着云计算、工业互联网和自动化等信息技术向智能化、分布式方向发展,这都将使得产业链变短变平,从而加强其区域化发展趋势。

(二) 全球治理危机加深

新冠疫情是 21 世纪以来人类社会面临的重大全球性公共卫生危机,也是一项全球治理危机。虽然世界各国领导者都强调只有通过国际合作才能战胜疫情,但有些国家各自为政,缺乏全球抗疫的合作意识与行动。作为人类面临的共同挑战,疫情本应给各个国家创造合作机会,但恰恰相反,大国关系自疫情暴发后非但没有改善,反而愈加紧张,国家间的合作变得更加困难。[①] 虽然联合国教科文组织等国际组织一直致力于消除不同国家之间的隔阂,促进世界各国之间的合作,但这些努力的成效也因疫情的暴发和蔓延而大打折扣。致力于调节国际关系的国际组织在全球治理中的权威和作用受到重大挑战。

疫情期间和疫情之后,去全球化给世界和平与发展带来潜在风险。 去全球化也称为逆全球化,是相对于全球化而言的。全球化是经济、政治、社会活动在国际和跨国范围内超越国家的延伸,最显著的表现是在经济和政治领域。全球化构建了紧密的全球利益链条,对世界经济增长具有重要的贡献,促进了新兴国家的崛起。如果全球化是超越国家规模的经济、政治和社会活动的扩展,那么去全球化将意味着全球交流的减少和国家对商业、政治和社会事务的控制权加强。去全球化的概念可以追溯到 20 世纪 90 年代,尤其是导致 1999年西雅图抗议活动的运动。但一直到 2008 年经济危机之后,尤其是 2010 年后,去全球化的概念才在主要国家的政策文本中经常使用。去全球化始于呼吁从七国集团、世界银行、国际货币基金组织和世贸组织等新自由主义机构手中夺回国家对经济和政治事务的控制权。[②]

去全球化的主要表现是"脱钩""退群""甩锅"等行径。 其中,最有力的表现是在欧盟内部,难民穿越申根区开放边界的骚动和英国脱欧现象,以及美国特朗普的"美国优先"外交政策。在每一个事件中,一个或多个州的政府都根据选民的要求采取行动,冲破国际协议、机构、联盟和全球经济,以保护国家利

---

① 赵可金.疫情冲击下的全球治理困境及其根源[J].东北亚论坛,2020,29(04):27-42,127.

② Yann Breault and Michèle Rioux. *The globalization/deglobalization dialectic: a fragmented world order on the road to globalization 2.0?* [M], in J. L. Black, Michael Johns and Alanda D. Theriault, eds, The new world disorder: challenges and threats in an uncertain world (Lanham, MD: Lexington, 2019), pp. 207-227 at pp. 208-209.

益和民族利益。总的来说,这些事态发展使全球化进程受到质疑,因为全球领先的参与者开始转向内部,并质疑持续国际合作的价值。新冠疫情肆虐全球,减少了国际旅行、贸易、投资和需求,全球经济受到重创,加剧了对全球化的冲击。

去全球化声音高涨的根本原因在于西方国家试图巩固和争夺世界事务主导权。单边主义、民族主义导致原有的国际规则与规范被削弱,包括欧洲中心主义、英国脱欧、美国优先等思潮,不同程度地破坏了多边主义规则,使全球合作陷入不利境地。迄今为止,去全球化进程的主要表现形式是民族主义,即在主权原则的掩饰下,通过在其国界设置物理和关税壁垒来反对国际协定和条约。民族主义和去全球化是一种倒退而不是进步,民众的不满已转化为带有强烈民族主义情绪的社会运动的压力,极端民族主义和仇外政党的兴起,这些都给世界的和平与发展进程带来了潜在风险。

全球化和去全球化往往是由特定大国引导的,反映了大国国内政治优先关注事项。世界不是一个"全球社区",而是一个国家、非政府组织和企业参与竞争的舞台。世界各国也在积极寻求新的全球化形式,例如,加大基础设施投资以构建新的贸易和金融网络,进而促进区域经济一体化。技术创新和转移往往因全球化的进程而加快其扩散的速率、扩大辐射的范围。然而,作为与全球化相反的进程,去全球化改变了国际社会之间相互依赖、相互信任、互通有无的状态,对全球市场,特别是制造业和高新技术领域带来了极大的风险。因此,去全球化的浪潮势必会对全球科技的发展造成消极影响。随着疫情在全球范围内持续蔓延,各国纷纷采取封锁措施,阻碍不同国家和地区原材料、商品等生产要素的自由流动和有序配置。导致全球经济陷入混乱,国际贸易和商业信心下降。甚至有学者认为,此次疫情"可能成为压垮经济全球化的最后一根稻草"[①]。

去全球化与民族主义的结合在新冠疫情期间表现得十分突出。新冠疫情不是保护主义和民族主义的源头,但它暴露了保护主义和狭隘民族主义的本质,使其更加普遍和猖獗。在这场全球公共卫生危机的压力下,许多国家的政府不仅在国际竞争中保护自己的产业和贸易利益,还直接干预国内企业与国外企业的良性竞争。因此,经济活动被政治化,贸易壁垒等问题不断显现,许

---

① Robin Niblett. The End of Globalization as We Know It[EB/OL]. China Economic Situation report, http://www.china—cer.com.cn/hongguanjingji/202004053461.html.

多国家单方面关闭边境,囤积呼吸机和口罩等稀缺医疗设备,控制本国生产商限制出口。各国发展趋于自给自足,各项决策变得更加本地化和国际化。在贸易、金融和投资方面,许多国家选择回归本国。国民意识增强、国家对跨国资本的控制力下降、跨国公司的影响力减弱。同时,新冠疫情的传播引发了焦虑和恐惧,进一步给全球化带来了区域价值的阴影。显然,疫情让许多国家展现了淋漓尽致的严重保护主义。

新冠疫情与去全球化影响叠加,极大地影响了全球工程劳动力市场。新冠疫情扩大了技能人才储备的差距,加剧了不同国家、不同人群的不平等,进而扩大国家工程能力的两极分化。例如,美国、英国和澳大利亚等发达经济体国内人才供应减少,其对 STEM(科学、技术、工程和数学)技能人才的需求不断增加,迫使其高度依赖高素质人才移民,并加大对高科技人才的管控力度。高科技行业的人才供给在疫情背景下更具有挑战性。去全球化减少了企业在国际上招聘的机会,但延揽全球高端人才对高科技企业的发展至关重要。在美国,国际学生是 STEM 人才的重要来源,他们通常在毕业后转为工作签证。新冠疫情之后,生源国家的发展新增了高科技就业机会,这也进一步加剧了 STEM 人才的全球争夺。

新冠疫情之后,科技领域的全球合作治理前景虽不明朗,情况也变得复杂,但是大趋势不可改变。

第一,各国应该以应对新冠疫情为契机,提出促进全球医疗保健发展的计划,为全球化转型提供新的思路。各国不仅要合作开发疫苗和治疗方法,还要协调全球医疗设备的生产和分配。不同国家的生产能力不同,事实上,极少数国家有能力单独生产需要的所有设备,不同国家在不同时期将面临对某种设备的迫切需求。因此,合作对于确保全球供应最大化至关重要。各国需要利用比较优势生产产品,并有效地将防疫物资分配给最需要的国家。

第二,结合科技革命,利用人工智能发展新型经济。比如,在原有全球化的基础上,构建新型产业空间网络和大数据,逐步实现消费现代化、数字化。由于传统项目正在走向数字化和在线化,各国应利用技术进步带来的机遇,弥补技术短板,促进基础设施建设,形成具有核心竞争力的产业链。此外,各国应充分发挥数字技术在疫情防控中的作用,本着合作共赢、共同发展的精神,打破壁垒,分享智慧城市、智慧医疗等领域的发展经验,推动疫情防控科技进步,推动包容性发展,帮助欠发达国家从疫情中恢复过来。各国应支持构建一个提供全球公共产品的共同框架,充分发挥援助资金的作用,帮助世界恢复工业生产和贸易流动。经济复苏是世界各国的共同愿望,全球化是不可逆转的历史潮流。在这场与新冠疫情的长期斗争中,各国需要暂时搁置分歧,化解争端,凝聚共识,促进交流,共同思考解决方案,推动人类命运共同体建设。

第三,建立人类命运共同体的观念和行动。各国应真正意识到任何国家和个人都不是一座孤岛,都不可能置身事外,要重新凝聚全球治理共识,加强多边主义,反对单边主义和保护主义,汇聚全球力量共同推进人类发展。人类命运共同体应该以联合国 2030 议程为准则,以推进 17 个可持续发展目标的实现为主要目标,以科技治理为有效抓手,重塑疫情之后的美好世界。要正确应对国际分歧,尊重不同国家和地区的差异性,发挥国际组织的作用,寻求更加有效的合作伙伴关系。大国在全球治理中负有不可推卸的重要责任和特殊义务,应该担当起历史重任,将整个国际社会和全人类的福祉放在首位,在国际合作方面树立典范,带领其他国家创造更加和谐稳定的国际环境。

总之,新冠疫情在全球范围内的大流行以百年未有的规模和影响改变了世界。从长远看,疫情总会消退,但其影响不会在短时间内消失。尽管新冠疫情对处于低潮期的全球化构成了严峻挑战,塑造了一个充满未知挑战的复杂世界,但是应对新冠疫情是一个全球性问题,世界不会因为疫情关闭边境而成为一座座孤岛。新冠疫情带来的影响表明,无论多么强大的国家,都无法独善其身。中美等大国应携手合作、共享利益,认识到不同力量在国际治理中的作用,坚持公平、开放、包容的多边对话机制,引领人类走出困境和危机。此外,各国也应努力推进全球化,维护多边主义。

(三) 大国科技竞争加剧

世界格局与国际形势的变化,常常由大国关系推动。新冠疫情对世界大国间的战略关系产生了极为复杂的影响,特别是中美关系的持续恶化。在疫情的冲击下,美国对中国国际影响力的提升变得高度敏感,对中国的战略打压加剧,尤其是工程科技领域内的科研合作、人才流动等。中国和美国的社会制度、文化传统、历史背景迥然不同,在发展合作伙伴关系的过程中,不可避免地存在各种矛盾、分歧、摩擦甚至对抗的现象。中国在新冠疫情期间反应迅速、防控得力,积极承担国际责任,与美国等西方国家应对疫情的拙劣表现形成鲜明对比。后疫情时代,以新兴市场国家为代表的发展中国家逐步实现群体性崛起,发达国家掌控世界的领导力持续下滑,国际力量对比发生深刻改变,国际秩序与格局将持续呈现出"东升西降"的新特征。

哈佛大学专门研究公共政策的肯尼迪学院贝尔弗科学与国际事务中心(Belfer Centre for Science and International Affairs)2021 年 12 月发布报告《伟大的科技竞争:中国与美国》(*The Great Tech Rivalry: China vs the U. S.*),该报告对中美科技竞争进行了全方位的评估和预测。该报告预测,未来 10 年内中国将在 21 世纪核心基础技术领域超越美国,包括人工智能、5G、量子信息科学、半导体、生物技术和绿色能源等。而在某些领域,目前中国已经领先美国。该报告对美国发出警告:美国正面临被中国取代世界头号经济和技术强国的风险。根据这份报告,中国已经取代美国成为世界顶级高科技产品制造商,到2025 年中国将年均生产 2.5 亿台电脑、2500 万辆汽车和 15 亿部智能手机。报告称,5G 领域内几乎所有关键指标都表明中国将占据主导地位。到 2020年底中国拥有 1.5 亿 5G 用户,美国为 600 万;中国的 5G 基站数为 700000 个,而美国为 50000;中国的 5G 频谱为 460 兆赫(MHz)中频频谱,而美国为 70 兆赫;中国的 5G 平均速度达到 300 兆比特每秒(Mbps),而美国为 60 兆比特每秒。报告称,尽管中国在这些数据上占优,但美国在 5G 研发和应用方面仍保持着竞争优势。中国在未来科学知识和创新领域的潜在新兴竞争力是智力资源。中国拥有 14 亿人口,具备强大的人才基础和数据库资源。到 2025 年,预计中国拥有 STEM 学位的本科生数量是美国的 4 倍,STEM 博士的毕业生数量将是美国的两倍。相比之下,美国本土人工智能博士的数量自 1990 年以来一直没有增加。国际科技领域 K-12 级学生排名中,中国在数学和科学方面的得分开始超越美国,2018 年中国在数学、科学和阅读的 PISA 分数排名第 1,而美国排名第 25。这份报告提醒美国警惕中国高科技领域的竞争。

长期以来,美国在基础研发、高技术创新、颠覆性技术发展等方面占据绝对领先地位,例如在芯片技术、人工智能、量子技术、机器学习、航空航天、发动机制造等前沿科技方面,美国具有全球主导权。而中国在上述先进技术方面,则面临自主创新不足、关键技术和高端设备严重依赖进口的问题,面临"卡脖子"的严峻形势。美国长期以来对全球顶尖人才的吸引和掠夺,使得美国在高科技领域内的发展遥遥领先。一方面,美国拥有全球最顶尖的高等教育体系,世界一流大学数量众多,高科技企业林立,建立了完善的科技人才激励和保障机制,创造了宽松友好的科研氛围和环境,培养和汇集了大批世界顶级的科学家、工程师和专家学者。另一方面，美国为促进科技发展提供了法律和政策支持环境。大学及其他研究机构的创新活动更容易获得财政拨款。长期大量经费的投入，保障了美国科研资金的支持力度，政府财政拨款、企业捐赠、个人捐赠、基金会捐赠等资金来源形成了多元化的科研经费渠道。此外，美国作为一个传统移民国家，对海外专业人才特别是 STEM 领域的科技人才实行了有吸引力的移民政策，通常 STEM 专业领域的国际学生在毕业后能够很快获得绿卡。长期以来，美国在高科技人才队伍建设方面做了大量储备工作，美国每千人研发人员数达到 8.8 人左右。[1] 大量科技人才队伍的建设和科研经费的投入，是美国能够在科技方面保持全球领先地位的关键因素。

美国对来自中国的科技竞争日益表现出强硬姿态。虽然美国在前沿科技和关键技术方面占据优势地位，但是中国正在不断地追赶，通过重视科技人才和科技创新，加大科研经费投入，提升科技人才待遇，加强基础设施建设，改善科研设备条件及科研环境，吸引留学生回流国内等有效措施，以期在前沿科技方面对世界发展有所贡献。这并不意味着中美之间的对立。中美合作、优势互补，对两国的发展均有益处。一方面，中国始终寻求与美国在高科技方面的交流与合作。然而，疫情期间，美国出台了相关政策，限制中国留学生在 STEM 专业领域的学习，并且将中国视为一个重要的竞争对手。另一方面，中国在人工智能等先进技术方面不断取得突破和进展，并且在工程科技人才的教育和储备方面具有相对优势，对美国具有极其重要的合作价值。

可以预计疫情之后，伴随着中国国际声誉的上升与美国受到国际社会批评的增多，中美两国在合作方面的困难更加凸显。美国拜登政府的主张与特朗普政府的单边主义政策有所不同。拜登政府将外交作为美国力量的首要工具，正全力恢复美国在国际组织和多边协定中的影响力与领导力，包括重新加入世界卫生组织、联合国教科文组织、世界人权理事会、《巴黎气候协定》等[2]。中国与美国在构建国际多边关系的进程中，将会不可避免地面临更多的竞争、冲突与困难。但是，作为世界上最有影响力的两个国家，中美关系是世界上最重要的双边关系之一，中美两国应搁置争议，加强沟通，从国家和人类的根本

---

[1] 中美科技竞争的分析与对策思考[EB/OL]. http://nids.whu.edu.cn/info/1011/2931.htm.

[2] Joseph R. Biden. Why America Must Lead Again—Rescuing U. S. Foreign Policy After Trump[EB/OL]. [2020-03-04]. https://www.foreignaffairs.com/articles/united-states/2020-01-23/why-America-must-lead-again.

利益出发,管控分歧,塑造"协调、持续、稳定、有效"的大国关系,共同引领全球合作推动人类社会发展,满足国际社会对中美两国的合作期待。

二、当前工程教育与国际合作面临的机遇

第一,数字技术与工业的结合将推动新一轮经济发展,对工程人才培养提出新需求。大数据、5G 技术、物联网、人工智能、区块链等新兴技术方兴未艾,数字技术与工业的结合可能带来新一轮经济繁荣。

技术层面的结合。5G、物联网设备、云计算和并行计算的快速发展将加速信息系统、通信系统、工业控制系统的融合。通过先进的工业物联网,制造企业可以实现机器自动化、工厂物流自动化、生产调度自动化,从而实现 C2B 智能制造。

市场主体的结合。产业体系的互联互通能更好地提高产业链、供应链上下游厂商的协调能力。

技术与资本的结合。大量资金涌入新兴技术领域,出现了大批高新技术企业。例如,量子计算领域获得越来越多的投资。通过数字技术与工业的结合,最终提高相关领域的生产能力和盈利能力。由于各国陆续出台相关科技政策,并在若干基础领域和关键核心技术领域加大投资力度,必将带动工程教育的进一步发展,并对工程人才及人才培养提出新需求。

第二,关键核心技术领域迎来新突破,为工程人才培养提供了新机遇。例如,人工智能在语音转文本、自然语言处理、视频理解等感知智能领域已经达到或超越人类智力,但在外部知识、逻辑推理或领域迁移的认知智能领域,仍处于起步阶段。传统的芯片设计模式无法有效应对芯片生产快速发展、碎片化和定制化的需求。近年来,随着数据驱动的人工智能算法快速发展,硬件已经成为进一步探索的瓶颈。这些关键核心领域的技术突破,为工程技术人才的培养带来了新挑战,也提供了新机遇。

第三,数据正在成为重要的生产要素和战略资源,为工程教育提供了新的空间。数据对科技创新的发展速率和方向具有重大影响。深度挖掘数据资源,推动高标准、高质量数据库建设,构建数据伦理规范,促进数据共享和数据流动,是当前各国科技政策的重要着力点。依靠数据驱动的创新技术开发,将显著影响一国的全球竞争力。与个人数据处理相关的数据保护法律法规要求的合规成本比以往任何时候都高。鉴于此,人们越来越关注使用人工智能技

术的数据隐私保护及私密性。解决数据孤岛和数据共享实践缺乏信任的问题，是今后科技发展的重中之重。与此同时，大数据、人工智能、互联网等数字技术，为工程教育构建了新的学习空间，必然影响工程教育从物理空间向物理空间与数字空间融合的转型。

第四，协同创新将成为未来技术开发的重要形式，为产学研合作培养人才提供新机遇。前沿技术研发具有复杂性、研发周期长、投资资金大的特点。通过信息共享，构建全球科研合作网络，能够显著降低成本，提高创新效率，极大地缩短了新技术从理念到应用的周期。因此，未来构建团队合作的创新文化生态，吸纳各行各业杰出人才参与创新，以及精诚合作，是新型技术开发与技术创新模式发展的关键。

第五，亚洲在工业发展中的比重提高，为加强区域性工程教育合作提供了新机遇。制造业"东升西降"成为全球工业发展格局的新特征。亚洲将成为未来国际舞台上不可或缺的重要角色，在全球科技发展史上留下浓墨重彩的一笔。随着共建"一带一路"和亚太区域经济合作伙伴关系（RCEP）的深入推进，加强亚太区域性工程教育合作的需求日益强烈。

第六，修复全球科技合作网络的意愿更加强烈，对建立新型合作关系提出了新需求。即便世界各国都在呼吁科技合作，但信息技术、航空航天、人工智能等某些关键核心领域的科技壁垒和阻碍因素仍然存在。正如前文所述，去全球化更多的是少数发达国家挑起的逆流，坚持多边主义合作、促进共同发展仍然是大多数国家特别是发展中国家的意愿。随着中国等发展中国家影响力的提高和示范，一些发展中国家不愿意跟随美国等亦步亦趋，而是抱团取暖，寻求在工程科技领域建立新型的伙伴关系。在工程教育领域也是如此，联合国教科文组织（UNESCO）、世界工程组织联合会（WFEO）、国际工程联盟（IEA）、国际工程教育学会联盟（IFEES）等国际组织，以及区域性非政府组织如亚太工程组织联合会（FEIAP）等，在推动国际合作中发挥了越来越重要的作用。

第七，科技发展中的伦理问题日益凸显，为全面加强工程伦理教育提供了新机遇。新技术发展带来的伦理问题逐渐显现，例如大数据对个人隐私、国家信息安全的负面影响，人工智能对人类伦理道德的挑战，前沿技术有可能会加剧全球不平等问题。工程教育界也日益重视工程伦理教育。例如，IEA 及其相关协议的签约组织都在认证标准中将工程伦理问题置于更加突出的地位,各国工程师学会也更加注重在工程师持续职业发展中强化工程师的伦理道德规范,倡导做负责任的工程,培养负责任的工程师,并在工程教育过程中强调可持续发展理念,这些都为全面加强工程伦理教育提供了机遇。

第八,共建更加包容的标准将成为国际合作的重点,为加入和创建工程教育国际协议提供了新机遇。长期以来,科技标准的制定权都掌握在西方发达国家手中,随着世界格局"东升西降"的变化,标准制定权的争夺将成为世界各国的战略重点。在工程教育领域,目前最具有影响的国际标准是 IEA 的《毕业要求和职业胜任力》基准框架,该标准已于 2021 年 6 月完成修订并发布,将对签约组织的工程教育标准修订、认证实践和院校工程教育改革产生长期影响。此外,我国在若干优势领域和培养层次创建新协议的基础较好,在新冠疫情之后可能有新的突破。

第九,可持续发展目标的实现面临重大挑战,改革工程教育支持可持续发展的共识日益扩大。联合国统计署对可持续发展目标的数据监测显示,实现 17 个可持续发展目标面临着越来越大的挑战。在提供清洁和负担得起的能源、优质教育以及消除饥饿等方面取得的进展缓慢,世界上不到一半的儿童和青少年只能达到阅读和数学的最低标准,近 10 亿人无法获得基本的卫生基础设施。此外,生物多样性和生态系统正在以前所未有的规模退化,物种灭绝的速度正在加快。收入和财富的不平等也高得惊人,大多数国家在实现关键气候目标方面进展缓慢。[①] 推动可持续发展目标的实现,需要通过技术手段解决一些壁垒问题,例如新能源技术、信息技术促进在线教育的发展,进而使得优质教育资源的共享成为可能。

三、近年来国际合作与科技治理

(一)新冠疫情后的国际合作

2021 年 7 月,美国国家科学、工程与医学院(NASEM)旗下的期刊《科学技术方面的问题》(*Issues in Science and Technology*)开展了关于美国未来 75 年科

---

① The Sustainable Development Goals Report 2018［EB/OL］. https://www. un. org/development/desa/publications/the-sustainable-development-goals-report-2018. html.

学与创新政策的讨论。其中有,2021 年 7 月 12 日出版的《未来 75 年美国科学与创新政策:导言》梳理了 2019—2021 年发表的 10 篇科技和创新政策的报告①,其中包括:2019 年 9 月,美国外交关系协会发布的《创新与国家安全:确保我们的优势》;2020 年 11 月,美中关系科技工作组发布的《应对中国挑战:美国技术竞争新战略》;2020 年 12 月,美国艺术与科学院发布的《美国与国际科学的未来》;2020 年 12 月,美国竞争力委员会发布的《在下一代经济中的竞争:创新新时代》;2021 年 1 月,新美国安全中心发布的《掌舵:应对中国挑战的国家技术战略》②等。

2021 年 2 月和 3 月间,美国国家科学院、国家工程院、国家医学院下设的政府—大学—产业科研圆桌会议(GUIRR)召集其成员,考察了美国在追求科技领先地位的过程中,全球合作与伙伴关系面临的机遇与挑战。主要内容包括:美国科技领先地位面临的挑战;科学、外交政策与发展援助的交叉互动;促进创新的公私伙伴关系;国际科研合作的价值;美国在国际标准组织中的领导力;吸引和支持外国学生和科研人员来美国学习和工作。2021 年 8 月,美国国家科学院出版社出版报告《通过全球合作和伙伴关系加强美国科技领先地位》(*Strengthening U. S. Science and Technology Leadership through Global Cooperation and Partnerships*)。③ 报告指出,国际参与和伙伴关系是美国研发(R&D)企业不可或缺的一部分。美国的创新环境依赖于复杂多样的跨部门合作和多方利益相关者联盟,而国际关系对于这种伙伴关系组合至关重要。几十年来,来自世界各地的顶尖学生、研究人员和企业家都在寻求来到美国,而吸引他们的是美国重视创新、创造力以及知识和人才公开交流制度。几十年来,优先考虑这些价值观和伙伴关系从某种程度上确保了美国的科学和技术领导地位。与此同时,根据美国艺术与科学学院 2020 年的报告,美国的研发企业可能正处于一个临界点。其他国家正在大力投资自己的研发能力,而美国联邦的支出一直停滞不前。在这个新的"聚集风暴"时刻,考虑和支持美国

---

① 范英杰,樊春良.寻求共同基础推进交流合作——对美国智库和科学界主要科技政策报告的解读与启示建议[J].中国科学院院刊,2022-02-20.

② https://www.cnas.org/publications/reports/taking-the-helm-a-national-technology-strategy-to-meet-the-china-challenge.

③ National Academies of Sciences, Engineering, and Medicine 2021. Strengthening U. S. Science and Technology Leadership through Global Cooperation and Partnerships: Proceedings of a Workshop Series in Brief [M/OL]. Washington, DC: The National Academies Press. https://doi.org/10.17226/26290.

充满活力的创新环境要素至关重要。该报告认为,美国加强科技合作的理由如下:第一,科学问题具有全球属性,推动知识创新往往需要广泛的国际力量参与;第二,要充分利用国际顶尖人才建设一支强大的 STEM 人才队伍;第三,增强美国核心竞争力,促进美国经济社会繁荣;第四,只有合作才能充分保证国家安全;第五,通过参与全球大型科技项目,广泛利用国际资金,进而减小在科研经费投入方面的压力;第六,促进伦理规范和科学准则的发展与应用。

美国智库卡内基国际和平基金会于 2021 年 7 月 29 日发布报告《美日高科技联盟科技合作的挑战与机遇》(*A High-Tech Alliance*:*Challenges and Opportunities for U. S. -Japan Science and Technology Collaboration*)。该报告指出,美国和日本业界愈发认识到,国家安全和同盟安全不仅事关军事问题,还涉及新技术领域及其经济影响。为推进美日两国在符合共同利益与安全事项的领域开展科技研发与应用合作,报告梳理了两国在敏感及涉密技术领域开展双边合作研究的政策与法律框架,并分析了美日两国双边合作存在的障碍。该报告认为,两国在军民两用技术涉密与敏感信息的控制与保护能力方面仍存在显著差距,限制了双边防务贸易、日本参与美国政府资助的敏感研究、盟国联合利用具有军民两用潜力的私营部门研发技术。该报告建议,日本必须采取措施解决限制因素,否则将错失利用新资源的战略机会。美日等建立高技术联盟以开展与我国的高技术战略竞争的有关动向和做法值得关注与警惕。①

美日科技交流与合作的历史悠久。自 20 世纪 60 年代中期起,两国相继在自然资源和医学领域开展合作,随后扩展到能源和外太空等领域,近年来又扩展到化学、计算机科学和电信领域。但近半个世纪以来的今天,两国首次就科技合作的以下方面达成前所未有的一致:普遍认为需要与盟友进行科技合作;决策者均有意开展科技合作;科技合作要聚焦重要研究热点的特定领域;科技合作具有一致的总体战略目标。美日强调了双边科技合作的三大目标:减缓气候变化及其影响;更好地控制大流行病;在众多关键技术和科学领域领先于中国(或与中国持平)。

报告认为美国与日本进行科技合作的理由:美国特朗普和拜登政府都将

---

① https://carnegieendowment. org/2020/06/29/u. s. -japan-technology-policy-coordination-balancing-technonationalism-with-globalized-world-pub-82176.

中国视为"威胁者";日本是仅次于美国和中国的全球第三大研发投资国,日本企业在美研发投资总额居全球各国之首,日本的专利申请量仅次于中美;美日政府均认识到人工智能、量子信息科学、外太空和其他领域(如网络安全、电磁频谱、关键基础设施保护和应急响应)的科技进步对经济繁荣和国家安全的影响巨大。当前的问题已不在于双边科技合作是不是共同的战略机遇,而在于应如何适应这一机遇,以跟上日新月异的地缘政治和技术变革的步伐。

《博鳌亚洲论坛创新报告 2020》认为,多极化是全球科技创新能力格局的显著发展趋势。中国、印度、韩国等亚洲国家的经济持续高速发展,发展中国家在全球范围内的科技实力得以显现,正在逐步缩小与欧美西方发达国家之间的差距,西方发达国家在全球科技活动中的显示度逐渐下降,比如西欧和日本。但整体而言,以美国为首的西方国家的科技实力仍然显著超过发展中国家。发展中国家在科技创新方面的巨大投入,成为推动科技创新的重要引擎。但科技政治化对全球科技创新合作构成了巨大威胁。当前,在新冠疫情全球蔓延的背景下,单边主义愈演愈烈,科技政治化现象越来越严重,科技民族主义的思潮不断涌现。西方一些国家对科技企业设置壁垒,全球科技创新产业链条受到巨大威胁。因此,面向未来,科技大国需要以更加开放、合作的态度面对科技创新,在合作中不断增进互信与了解,破除"技术脱钩"带来的全球风险。

疫情之后世界主要国家在科技合作方面可能呈现以下特点:

一是必须坚持平等互利,因为前沿科技、颠覆性技术所能取得的突破一定是建立在团队合作、跨国跨区域合作的基础之上,在合作时效方面,必须坚持构建长期稳定的伙伴关系,而不是短期、一时的。

二是在合作形式方面,将采取线上、线下相结合的形式,从实体空间转换到网络空间,增加沟通交流的频率、增进互相理解和交往,为牢固、亲密的合作伙伴关系发展提供坚实的基础。

三是在合作对象方面,不仅要注重建立世界大国伙伴关系,也要关注一些边缘国家、岛国、小国、弱国之间的友好合作关系,不让任何一个国家在科技发展的进程中掉队,让每一个人都能享受到科技发展带来的便利和美好生活。

四是在合作机制方面,注重新型合作机制建设、合作保障政策制定;加大对国际合作研发项目的资金投入;组建专门的高科技人才队伍,不限年龄、不限国籍、不限性别,最大可能地吸引高素质人才聚集,创设宽松的人才政策与人才管理服务环境,吸引海外人才回流本土或者延揽其他国家优秀人才;组建援助团队,支持落后地区和弱小国家的发展,确保科技发展的成果共享。

(二)新冠疫情后的科技治理

科技发展的本质是创新和超越。全球范围内最大限度的合作与共享,是推动科技发展的本质需求。科研合作能够有效杜绝资金、实验、时间、精力在同一个领域内的浪费,进而提升科学研究的效率,促进科研成果在全球范围内流动与共享,推动人类社会的整体进步。但是由于新冠疫情加剧了国家间的科技竞争,国与国之间的合作变得日益困难,科技保护主义、科技民族主义,已经成为全球科技发展的挑战与阻碍,世界科技发展存在分裂和脱钩的风险。

新技术的发展本身也会带来问题。2020 年 12 月,世界经济论坛发布《2021 年全球技术治理报告:在疫情时代利用第四次工业革命技术》(*Global Technology Governance Report 2021*:*Harnessing Fourth Industrial Revolution Technologies in a COVID-19 World*)。[①] 该报告认为,有效的技术治理、完善的政策和规范是实现技术优势同时将风险降至最低的基础。

新兴技术在抗击新冠疫情、复工复产和重塑经济社会发展方面发挥着至关重要的作用。这些技术帮助推动社会突破和经济价值,但同时技术本身也会带来一定的风险。第四次工业革命的每项技术都面临着自己独特的治理挑战,包括缺乏监管、技术误用产生的不利影响、新技术使用的责任划分、隐私保护和数据共享、执法部门对数据的访问和使用、网络安全、AI 系统中人的监督、数据流跨境受限等问题。如何监管这些技术,消除其可能带来的负面影响,是新冠疫情之后科技治理的关键。

新冠疫情之后的科技治理需要新的原则、规则和协议,需要创新一种更加独特的治理方式,从而在促进创新的同时降低社会成本。从无人机到物联网,每一项技术都需要独特的治理方式。新兴技术治理也会有一系列共同挑战,诸如缺少监管、法律规范不健全、技术滥用、隐私保护的缺乏、数据安全问题等。新冠疫情的到来加速了这些挑战的蔓延,例如面部识别技术、流行病的大数据调查等对隐私数据泄露的风险。

许多国家已经制定了科技伦理治理规范,为如何负责任地开发新兴技术

---

① Global Technology Governance Report 2021:Harnessing Fourth Industrial Revolution Technologies in a COVID-19 World[EB/OL]. https://cn. weforum. org/reports/global-technology-governance-report-2021.

提供指导。2020年,新西兰发布了政府算法宪章,提供了一套指导政府机构使用算法和数据的原则。欧盟发布了用于设计和开发新冠疫情追踪应用程序的指南和规则。同时,还要构建政府、企业、民众等多方利益相关者参与的科技治理新模式。其次,新技术的治理往往超越传统国界范围,因此需要依赖紧密有效的国际合作,才能避免监管孤岛现象的出现。当前的全球科技治理结构无法解决诸如新冠疫情、气候变化等重大挑战之类的复杂问题,处理这些高度相关、交叉、广泛和可能开放的问题需要以社会需求和需求为导向的研究、开发和创新,科技战略和政策的制定需要考虑公众的实际需求。

以人工智能领域为例,讨论科技治理中伦理的重要性。联合国教科文组织在2021年11月召开的教科文组织大会第四十一届会议上,发布了《人工智能伦理建议书》,这是全球首个人工智能伦理规范框架。教科文组织总干事奥德蕾·阿祖莱表示:"世界需要人工智能规则来造福人类。关于人工智能伦理的建议是一个主要答案。它设定了第一个全球规范框架,同时赋予各国在其层面应用该框架的责任。教科文组织将支持其193个会员国的实施,并要求它们定期报告其进展和做法。"[①]该建议书指出,人工智能对社会、环境、生态系统和人类生活(包括人类思想)具有深远的影响,要特别注意人工智能可能带来的消极影响,比如加剧偏见,导致歧视、不平等、数字鸿沟,并对文化、社会及多样性构成威胁,造成社会或经济鸿沟。因此,在发展人工智能技术的同时,应多方面关注其可能带来的风险问题,尊重人的基本权利,尊重个人的技术使用选择,同时还要促进技术共享,不让任何国家和任何人被排斥在技术发展的红利之外。

针对发展人工智能的价值观问题,联合国教科文组织的建议书给出了如下建议:首先,应尊重、保护和促进基本人权、基本自由和人的尊严。不管种族、肤色、血统、性别、年龄、语言、宗教、政治见解、国籍、族裔、社会出身、先天经济或社会状况、残疾或其他状况如何,每个人都有平等的权利和价值。因此,发展人工智能,应把人放在首位,人的利益高于一切,人应从人工智能发展的过程中受益,而不能受到任何伤害,包括身体伤害和精神伤害。新技术应该保障人的基本利益,为人类的美好未来创造条件。其次,要确保生态环境的保护不受侵害。生态环境是人类生存的基础,发展人工智能不能以牺牲生态环

---

① 193 countries adopt first-ever global agreement on the Ethics of Artificial Intelligence [EB/OL]. https://news. un. org/en/story/2021/11/1106612.

境为代价,要坚持绿色发展,坚持绿色科技,坚持绿色、安全的人工智能。再次,要保证人类社会文化发展的多样性和包容性,发展人工智能应将全球各类人群纳入其中,特别是低收入和中等收入国家、最不发达国家、内陆发展中国家和小岛屿发展中国家。最后,要构建一个和平、稳定、公平正义、互联互通的全球社区,确保人工智能的发展能够惠及所有人类,并且能够改善人与自然环境的共存状态。

联合国教科文组织的建议书对人工智能发展还提出若干原则:第一,相适宜性和纯粹性,应该认识到人工智能的局限性,在改造世界、创造人类美好生活方面,人工智能并不是唯一的选择,人工智能并不一定能够确保人类的美好未来,而且关于决策的权力应牢牢掌握在人类手中,特别是针对一些具有不可逆性影响、无法挽回的严重事件以及生死攸关的事项,则应由人类做出最终决策,而不是人工智能。总的来说,人工智能不能凌驾于人类之上。第二,要坚持安全的原则,确保人工智能对人类没有可攻击性,预防和消除人工智能可能会给人类带来的人身伤害和意外事故。第三,应坚持公平公正原则,坚持人人平等的原则,关注不同文化背景、老年人、妇女和儿童、残疾人等弱势群体的具体需求,努力消除数字鸿沟,消除性别歧视、种族歧视、年龄歧视、地域歧视等现象,让每个人都得到平等待遇。第四,应坚持可持续发展的原则,构建可持续发展的人工智能发展框架,将可持续发展目标融入人工智能的发展过程中。但必须认识到,人工智能能够促进可持续发展目标的实现,同时,人工智能也有可能阻碍可持续发展目标的进程。第五,关注数据隐私保护,人工智能所收集的数据,在使用、保存、共享等方面,应具有相关法律法规的约束。第六,发展人工智能,应接受多方利益群体的广泛的监督和专业机构的审查与评估,坚持信息公开和透明,开放代码和数据集,支持民主决策和民主治理。第七,人工智能的算法设计还需具有可解释性,应构建具有高可信度的人工智能发展框架。

在人工智能的政策方面,联合国教科文组织为各成员国提出了若干行动框架,包括制定人工智能伦理影响评估框架,构建具有包容性、透明性、可追踪性、多学科、多领域和多方利益相关主体参与的人工智能伦理治理机制,进而科学预测、有效预防、及时评估报告、进行补救措施,等等。各成员国应积极构建人工智能治理的法律规范体系,制定一系列国际国内标准以及实际有效的机制,确保人工智能的发展有法可依。各成员国应积极主动构建全球合作网络机制,与国际组织、跨国公司、学术机构、非政府组织、民间团体等建立国际合作伙伴关系,共同维护人工智能伦理治理政策。各会员国应在数据共享方面采取积极行动,支持安全、公平、合法、符合伦理原则的开放数据机制建设,确保数据隐私得到尊重和保护。各会员国在发展人工智能的同时不能以牺牲环境为代价,要减少因人工智能技术制造而开采原材料对生态环境造成的不利影响,减少因数据基础设施建设而对环境造成的损害,应利用人工智能技术寻求抵御自然灾害风险的解决方案,监测和保护周围生态环境,保护地球,支持循环经济和负责任的生产和消费。

各会员国应在发展人工智能技术的同时,推进性别平等在该领域内的发展,保障妇女儿童的基本权利,将妇女儿童纳入人工智能发展的进程之中,提供专项资金,为妇女、女童在 STEM 领域,以及信息和通信技术领域内的高度参与,并为她们在该领域内的平等待遇、职业生涯发展和专业成长提供有力的政策保障。各会员国应关注人工智能在文化领域所造成的影响,例如语音转录、语言翻译、网络语言等给人类语言文化带来的影响。人工智能应为弥合人类文化差异、增进人类理解,保护濒危语言、地方方言等人类语言多样性做出贡献。各会员国应向社会公众提供充分、优质的人工智能素养教育,培养社会公众在 STEM 知识领域内的参与度,提升社会公众的科学素养,当在教育领域应用人工智能技术时,应确保师生的权益不受侵害,消除人工智能的地域不平等、数字鸿沟,将人工智能伦理教育纳入普通教育体系。各会员国应加大资金投入支持人工智能伦理研究和跨学科研究。各会员国应认识到人工智能对所有国家劳动力市场的冲击以及对就业的影响,应提供人工智能技术课程培训服务,弥合技能要求方面的差距,构建人工智能企业、政府、高校之间的紧密伙伴关系,促进大学生就业,加强社会保障。各会员国应规范人工智能在健康卫生领域内的预防、监测和治疗的应用,将人类的生命健康安全摆在首位。

总之,新冠疫情对全球产业链重构、大国科技竞争、全球科技合作和科技治理等方面产生了深刻影响,给原本不容乐观的全球科技发展与人才发展带来了新的挑战,这些挑战都将直接或间接地影响到未来工程教育的发展。

第二章　当前工程教育发展趋势

新冠疫情对工程教育的发展造成了深刻影响。新冠疫情之后的工程教育发展将呈现出以下九大趋势,包括工程科技的战略作用、工程教育的国家战略地位、工程教育的学科交叉融合、线上线下融合式教学模式、重视基于项目和问题的学习、工程师职业发展的可持续性、工程教育支撑可持续发展目标的力度、工程教育国际伙伴关系构建、工程教育全球治理的协同机制等。

一、工程科技在全球问题解决中作用更加凸显

疫情不仅没有在全球范围内削弱工程的影响力与重要性,反而更加凸显了工程科技在抗疫过程中发挥的关键作用。为应对新冠疫情,工业界、学术界的生物医学工程师与工程科技领域专家通力合作,开发创新关键技术,为样本测试、诊断、治疗、隔离和追踪接触者提供快速新型的解决方案,进而有效阻断疫情在全球范围内的大面积蔓延。

这些关键技术在抗疫过程中发挥了重要作用,复杂的生命维持设备,例如呼吸机、影像和监护设备、核磁共振以及个人防护医疗设备;有效的病毒检测与接触者追踪技术,例如即时检测、组合测试、咽拭子测试、居家检测、大数据行程追踪技术等等;数字技术,例如远程医疗在避免直接接触的情况下收集、存储、检索和分享医疗信息;基于智能手机、平板等移动终端设备的交互式应用程序的个性化医疗筛查、诊断和治疗服务;通过互联网加速并扩大信息的传播,帮助人们了解重大流行病的相关知识以及与公众密切相关的重要政府决策和政策;人工智能技术,增强了医疗领域内的精准性与安全性,例如健康筛查、疾病诊断和治疗、康复培训和评估、医疗服务和管理、药物筛选、基因测序

和表征、疫苗开发以及社会控制等；机器人技术，在新冠疫情期间，使用机器人进行消毒清洁、运送药品和食物以及安全距离监护患者，有效减少了人与人之间的密切接触和感染风险，缓解了医护人员和辅助人员的短缺问题；数字医疗，包括健康信息系统、远程医疗和个性化医疗服务、智能应用软件、高效计算平台等，有助于加强数据收集，确保公平，降低成本，这对患者、医生、护士、医院、政府机构等都非常有益。

总之，在这次抗击新冠疫情的过程中，多种新兴技术的开发与应用极大地满足了抗疫的需要，改善了人们的医疗保健水平，并全方位地改变了人们的生活、生产形态。工程科技形塑下的人类未来呈现出一种新常态。工程应当在抗击新冠疫情过程中以及各国经济社会恢复、促进国际合作等方面发挥更大的作用。但同时，工程技术的进步与应用，也带来了新的问题和挑战。譬如，数字医疗可能面临数字素养缺乏、软件、培训服务、资源以及资金缺乏问题、技术娴熟的劳动力不足等挑战。

新冠疫情让人们更加充分认识到工程、科学和技术是恢复和刺激经济增长的有效途径，工程师能够更好地为经济社会发展做出贡献。特别是在可持续发展成为全球共识的背景下，各国需要培养优秀的工程师队伍来应对不断加剧的全球性挑战，例如气候问题、环境问题、清洁水和可持续能源问题等。新冠疫情防控过程中，世界各国深刻意识到工程科技抗疫的效应与战略的重要性，特别是疫苗的研制需要顶尖生物医学专家的团队合作。

二、工程教育的国家战略地位将显著提升

新冠疫情冲击与科技竞争激化，促使世界各国政府将培养工程科技人才放在更加优先的战略地位。美国、欧盟、日本、中国等世界主要国家和地区加大了对工程教育的投入，并积极推动工程教育的变革发展，以期在未来掌握大量优质工程科技人才资源，支撑国家的全球竞争力发展。

以下结合美国疫情期间出台的《创新与竞争法》为例进行分析。

《美国创新与竞争法》的出台过程。2021 年 5 月 12 日，美国国会参议院的商业、科学和交通委员会（Committee on Commerce, Science, and Transportation）投票通过了《无尽前沿法案》（*Endless Frontier Act*）。该法案提议在 5 年内为美国基础和先进技术研究提供巨额资金支持，促进十大关键核心领域内的科技发展，以确保美国在全球尖端科技领域内的绝对领先地位。5 月 18 日，国会参

议院将该法案与《战略竞争法》合并,更名为《美国创新与竞争法》。5月26日,美国众议院外交委员会出台了《确保美国全球领导力和参与法》(*Ensuring American Global Leadership and Engagement Act*),作为众议院版本的《无尽的前沿法案》。值得关注的是,该法案明确提出针对中国的限制条款,凸显了中美科技竞争的加剧。美国当前的《创新与竞争法(无尽前沿法案)》与其1945年的《科学,无尽的前沿》报告的逻辑起点和战略目标是一脉相承的。美国借1945年《科学,无尽的前沿》的前瞻性规划,在美苏科技竞争中获得了最终胜利,此次推出《无尽前沿法案》意在重演历史,以期在中美竞争中再次赢得胜利。

《美国创新与竞争法》的主要内容。聚焦当今世界前沿科技和战略核心领域。《创新与竞争法(无尽前沿法案)》所列出的关键核心领域是当前和未来一段时间里的前沿和重点方向,其选定的十大关键核心领域为:人工智能、机器学习、先进软件开发;高性能计算、半导体和先进计算机硬件;量子计算和信息系统;机械自动化与先进制造;自然和人为灾害防御;先进通信技术;生物技术、医疗技术、基因组学和合成生物学;网络安全、数据存储和数据管理技术;先进能源、电池和工业效能;先进材料科学、工程学和其他重点领域。值得注意的是,该法案还将航空航天领域作为战略重点内容,提出载人登月、火星样本研究、空间站、超级天文望远镜等一系列重大太空探索项目,意在保持美国在航空航天领域内的绝对优势。大量增加对技术创新的投入。该法案的最初版本提出在5年内向美国国家科学基金会投资1000亿美元,其中1000亿美元用于在美国国家科学基金会创建一个新的"技术与创新局"(Directorate for Technology and Innovation, DTI)。最新的修订版本中,给DTI的5年拨款(2022—2026年)降到了290亿美元。但相比美国国家科学基金会2020年86亿美元的总预算,这仍然是一个相当大的数目。在资金支持力度上,这与美国众议院科学委员会3月推出的《美国国家科学基金会未来法案》计划将国家科学基金会的预算逐步提升至2026年的183亿美元在战略方向上是一致的。限制中国,保持美国在全球的科技领先地位。值得高度警惕的是,该法案明确提出将中国视为主要竞争对手与防范对象,在十大关键核心领域和航空航天领域专门针对中国设置了排他性条款,加强"研究安全"方面的培训和管控,明文禁止联邦科技机构和人员参与中国等四国的人才计划,防范中国企业。如果该法案得以通过实施,也将会对中美科技界和学术界之间的交流与合作产生影响。尽管法案文本并未明确提出对中美学者开展论文合作、留学访问、会议交流进行限制,但禁止参与人才计划的举措本身将非常可能产生一系列连带效应,使美国学者望而却步。

《美国创新与竞争法》与工程教育未来发展的关联。美国STEM教育将迎来新一轮大发展。工程科技人才资源是保证国家竞争优势的第一推动力,谁拥有大量顶尖科学家和工程师队伍,谁就能在全球竞争中占据领先地位。目前的《美国创新与竞争法》修订版中,不但提出创造知识是美国经济的关键驱动力和国家安全的重要组成部分,更提出要通过开放使美国的教育和研究机构成为世界各地学生的灯塔。该法案明确提出要"通过改善关键技术重点领域的教育,并吸引更多学生进入这些领域的各级教育,提高美国的竞争力"。这明确突出了人才培养的重要性,强调工程科技人才在推动关键核心领域发展的战略意义,核心是通过教育实现工程科技人才的储备进而确保美国的科技霸权,也体现了美国高度重视STEM教育的传统。可以预见,美国STEM教育将在该法案的支持下迎来更大的发展。利益攸关方参与工程教育能力将得到提升。在科研项目资助方面,法案提出增加拨款中不少于55%的部分用来支持关键核心领域的大学研究中心建设和科研项目推进;在学生资助方面,法案提出新增拨款中不少于15%的部分用于资助学生从事重点科技领域的学习研究,吸引更多美国本土学生和国际优秀学生进入重点竞争的关键核心领域;在政产学研方面,该法案提出要鼓励大学、政府、企业和社会为关键核心领域专业毕业生提供实习和工作机会。在科研成果转化方面,强调企业—大学的合作,鼓励相关机构为科学家、工程师、发明家提供成果转化培训,搭建增进学界和业界沟通的交流平台,并提供长期配套资金支持。

《美国创新与竞争法》将引发新一轮STEM教育的针对性限制。由于工程科技人才资源的战略重要性,欧美发达国家一方面意识到争夺国际学生对于在"全球人才竞赛"中增强国家竞争优势至关重要,另一方面为照顾本国日益消极的舆论和选民日益高涨的民族主义情绪,严格限制STEM领域国际学生的跨国、跨区域流动。特别是在新冠疫情期间,工程科技领域内的人员交流几乎完全中断。为了最大限度控制新冠病毒的蔓延,各国纷纷关闭边境,暂停签发签证和工作许可,全球人员流动因此几乎陷入停滞。特别是美国特朗普政府收紧了对科技人员的管控,例如阻止中国留学生回国、限制中国学生到美国进行STEM领域内的专业学习等。这些都对中美人才交流产生了重大影响,包括即将赴美的中国留学生,目前在美国的中国留学生和专家学者,以及美国本土与中国建立了合作关系的院校与机构。与特朗普政府关于国际学生流动的政策不同,拜登则提出要支持开放吸纳全球高科技人才,免除对于STEM领域博士毕业生签证的上限限制,所有在美国攻读博士学位的外国毕业生都应获得美国绿卡,以避免智力资源流失,排斥高技能人才的移民制度威胁着美国的创新和竞争力。但须看到,不管是特朗普政府还是拜登政府,即便是他们政策看似相左,背后均是出于对美国国家利益和美国全球领先地位的考量。中美之间在高端工程科技人才的争夺将愈加激烈,工程教育领域的竞争将不可避免。

三、工程教育多学科交叉融合将持续深化

新冠疫情促进了理科、医科、工科的多学科交叉融合,这种趋势在疫情之后将继续深化。

理科是自然科学、应用科学以及数理逻辑的统称,学科专业包括数学、物理、生物、化学等基础学科,注重理论研究,强调培养学生的抽象思维和逻辑思维。新冠疫情暴发后,在认识病毒机理、病毒传播机制、病毒溯源等重大关键科学问题方面,生物学及其相关学科扮演了重要角色。例如,病毒溯源就是一项科学活动,涉及多个学科,包括流行病学、病原生物学、分子信息学、数理统计以及大数据等,需要由科学家为主来开展。病毒溯源问题的精准解决,需要建立新冠病毒信息库,推动疫苗研发、药物筛选、新药研制以及检测试剂的发展,有效支撑人类应对疫情的发生和发展。

工科是工程技术学科的总称,学科专业包括生物工程、电子信息、材料科学、环境科学、航空航天、人工智能、芯片技术等应用学科,注重技术革新与应用,强调培养学生的动手能力与实践能力。应对新冠疫情,需要工程技术提供支撑,与生物学相关的一些技术应用得到前所未有的关注。新冠疫情刺激了各国在人工智能、芯片技术、航空航天高新科技领域的竞争,在全球掀起新一轮科技竞赛。例如,在抗击新冠疫情中,芯片产业成为一支重要力量,为疫情监测防护、检测检验和治疗救治等都提供了不可或缺的技术支撑,如提供应用于红外体温检测仪、红外成像监控和测温仪等设备的红外温度传感器芯片,以及缩短病毒样本检测时间的生物芯片。

公共卫生是通过社会有组织的努力来预防疾病、延长寿命和促进健康的

一门艺术和科学。毫无疑问,在新冠病毒的防治当中,公共卫生专家是必不可少的,特别是在疫情早期的防控中起到重大作用。新冠疫情的暴发,暴露出人才短缺一直是摆在我国公共卫生发展面前的一个大难题。从数量上看,我国公共卫生人员与执业(助理)医师、全科医生等其他各类卫生人员相比,规模差距极大。2014—2018 年,除了公共卫生人员,其他各类卫生人员数量都呈现上升趋势,2018 年我国每千人中公共卫生人员数量仅为 0.63 人,其中高级人才更加紧缺(见图 2-1)。根据 2019 年全国教育事业发展统计公报,我国有资质培养公共卫生与预防医学的本科人才的高等院校仅有 97 所,新型传染病研究、疾病预测、突发事件应对管理等领域具备文、理、医、工、经等学科知识素养融合的高素质人才捉襟见肘。[①] 对比美国,有超过 40 所公共卫生学院经过 CEPH 认证。美国医学研究所(IOM)提出的公共卫生专业学生的知识标准包括:信息学、基因组学、交流、文化素质、基于社区的参与研究、全球健康、政策与法律、公共卫生伦理学等。美国疾控中心等机构则提出,公共卫生专业人员应当具备以下核心能力:分析性评价、政策制定和项目计划、沟通、文化胜任、全方位社区工作、基础公共卫生知识、财务计划和管理、领导和系统思维。

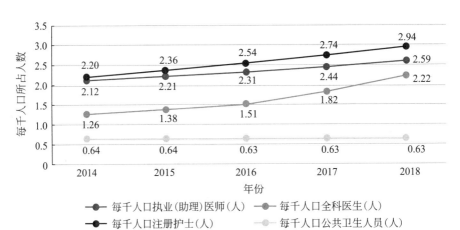

图 2-1　我国每千人医护人员统计(2014—2018 年)

来源:王朝昕,石建伟,徐刚,等.我国公共卫生卓越人才培养的"痛点"思考与展望[J].中国科学院院刊,2020-03-12

---

① 王朝昕,石建伟,徐刚,等.我国公共卫生卓越人才培养的"痛点"思考与展望[J].中国科学院院刊,2020-03-12.

工科的多学科交叉融合发展具有深刻的经济社会背景。当前人类社会面临更加复杂的社会、经济、环境和医疗挑战，这些挑战超出了工程师的传统任务和能力范围。这些问题的解决方案愈来愈超出单一学科范畴。因此，未来的工程师需要具备跨学科背景以及团队合作的重要能力素养，才能阅读、理解、评估、综合和应用自身专业领域以外的知识，进而提出更好的解决方案。这种能力能够帮助工程师考虑大量社会和环境因素以应对当代挑战。

疫情之后，推进多学科交叉融合的工程教育模式就显得尤为重要。一方面，加强工程课程中的跨学科内容的学习，融合先进科技的前沿思想，可以为学生的全面发展、解决复杂的工程问题提供有效支撑。另一方面，跨学科领域的学习还可以激发学生的好奇心，鼓励学生自主学习，培养学生的工程学习兴趣，并积极促进个人创造力的发展。工程学科的交叉融合有多种方式，例如理工结合、医工结合、人文社科与工程学科交叉。

工程教学的多学科交叉融合，着重体现在课程体系重构、教学方式创新、学习空间构建三个方面。例如，课程建设更加注重解决复杂工程问题的导向，而不是现有的学科知识体系导向。例如，MIT 倡导的 CDIO 模式，新工程教育转型计划（NEET）都强调科目学习与项目训练的结合，让工程专业的学生能够基于真实情景进行构思、设计、实施和操作，提出解决复杂问题的工程方案。在教学方式上，需要打破原有固化的院系、专业组织结构，注重多种组织形式的探索，例如，清华大学实行书院制和大类招生，鼓励学生尝试跨越传统学科边界，聘请不同领域专家学者联合为学生授课。在学习空间构建方面，借助网络技术实现线上线下融合，促进物理空间与赛博空间互通互联，为学生的小组学习、团队讨论提供无障碍的物理和网络条件。

四、工程教育的线上线下融合将成为新常态

新冠疫情迫使学校和学院暂停面授课程，联合国教科文组织的统计数据显示，新冠疫情导致全球 110 个国家停课，10 多亿学生无法正常在学校接受教育。[①] 在安全有效的疫苗被广泛使用之前，人们对全面恢复常规教学表示怀疑。远程教学是高等教育市场的一个不断增长的补充部分。新冠疫情的暴发

---

① 陈会民，田慧君，王孙禹.计算机微专业国际项目的实施与发展——以疫情期间的实践为例[J].现代教育技术，2021，31(01)：119-125.

推动了在线教育的跃迁式发展,促使在线教育第一次在全球范围内实现了大规模、有组织、全体系的应用,不仅打破了学校课堂的"围墙",还在一定程度上打破了心理上的围墙。跨时空、跨地域、沉浸式的融合体验,给教育带来了丰富的想象空间,时时、处处、人人可学的全球教育新形态正在形成。信息技术为所有学校提供了重要支持,促进了在线教育的大规模应用。如果没有虚拟、混合的学习环境,各年龄段的学生以及所有的教育者、管理者都将无法实现继续学习的期望。新冠疫情之后各国更需要发挥在线教育优势,构建方式更加灵活、资源更加丰富、学习更加便捷的终身教育体系。教育部高等教育司司长吴岩认为,"我们再也不可能、也不应该退回到疫情发生之前的教与学状态",融合了"互联网+""智能+"技术的在线教学已经成为中国高等教育和世界高等教育的重要发展方向。"新鲜感"正在向"新常态"转变。

但是,在线工程教育仍面临着严峻挑战。一项调查显示①,时间管理不善、压力增加、缺乏自律、缺乏动力和缺乏互联网连接资源、有限的社交互动,例如缺乏面对面的会议、缺乏校园氛围和小组活动、有限或缺乏教师的即时反馈、不熟悉新软件应用程序、网速慢、信号覆盖差、音视频通信问题以及高校技术基础设施差等技术难题是个体参与在线课堂面临的挑战。诸如学生评估方法有限、在线考试容易作弊以及评估质量差等评估挑战是受访者提出的一些挑战。大多数高校没有明确的在线教学政策和指导方针,在线评估所面临的这些挑战在传统的课堂教育中也很常见,但在在线教育环境中可能是一个更大的问题。"工程教育以实践经验为基础,依赖于学生高度参与实验室"②。工程教育者在为学科要求的基于实验室的实践经验和团队合作提供虚拟替代品方面面临着特殊挑战。实验室关闭对研究生和研究产生影响。缺乏实验室准入仍然是一个问题,一些学生不得不接受不完整的实验课程。研究生无法进入实验室,给研究造成了严重影响。在教职员工、学生和研究人员中,受影响最严重的是那些依赖机构研究设施的人,例如实验室和高性能计算机,其中许

---

① Perante Wenceslao. Challenges to Online Engineering Education during the Covid-19 Pandemic in Eastern Visayas, Philippines[EB/OL]. http://ijlter.org/index.php/ijlter/article/view/3425/pdf.

② Jessie MacAlpine. The Rise of Blended Learning: How the COVID-19 Pandemic is Shaping the Future of Engineering Education[EB/OL]. https://www.engineering.com/story/the-rise-of-blended-learning-how-the-covid-19-pandemic-is-shaping-the-future-of-engineering-education.

多设备几个月都无法使用。① 全国各地的工科院校一直在努力解决如何为社会疏远的世界提供课程。虽然通过 Zoom 提供讲座很容易，但许多工程模块要求学生在现场进行。毕竟，在实验室以外的任何地方进行大多数实验都是不可能的、无效的或危险的。②

五、工程教育将更加重视基于项目和问题的学习

基于问题的学习(Problem-Based Learning, PBL)是一种动手实践的学习方法，其重点是研究和解决复杂的现实问题。PBL 最早可追溯到 20 世纪 60 年代后期在加拿大麦克马斯特大学的医学院。随后，马斯特里赫特的林堡大学(荷兰)、纽卡斯尔大学(澳大利亚)和新墨西哥大学(美国)采用了基于问题的学习的麦克马斯特模式。该模式很快在其他各个学科的领域产生了广泛影响，包括商业、牙科、健康、科学、法律、工程学、教育等。

在疫情的冲击下，人们原有的生活节奏被打破，固有的生产方式也将发生翻天覆地的变化，人类面临更复杂的全球性问题，例如研制疫苗阻断病毒传播的问题、利用信息技术重新塑造教育教学方式。在各种复杂性问题凸显的后疫情时代，人们需要更加关注工程与工程教育的变革。工程学是一门解决实际问题的学科，通过技术来改造世界，改善人类的生活。因此，工程教育需从关注知识与技术的学习转向更广泛的跨学科的复杂问题的解决。工科专业的学生需要学习如何分析和解决复杂问题，以及如何在各种团队中进行有效协作。通过以学生为中心，以真实复杂性问题解决为导向的学习方式与课程改革，促进工程教育有效支撑全球性挑战的重大问题解决，进而重塑新冠疫情之后的世界与人类的生产生活方式。这是面向未来的工程教育改革与发展的重要趋势之一。

基于问题和项目的学习涉及更复杂的学习过程，团队小组致力于发现问题并解决问题。这种学习方式极大地增强了学生的学习动机与学习兴趣，减少了工科学生的流失率，促进工科人才能力的全方位发展。因此，PBL 被视为弥合工程教育与实际专业能力差距的重要途径，也是工程教育更加直接地服

---

① American Society for Engineering Education. COVID-19 & Engineering Education: An interim report on the community response to the pandemic and racial justice. Washington, DC, 2020.

② Len Williams How the pandemic might change engineering education forever[EB/OL]. https://eandt. theiet. org/content/articles/2020/08/how-the-pandemic-might-change-engineering-education-forever/.

务于社会变革和可持续发展目标实现的重要体现。

基于问题的学习方式具有以下典型特征:学习活动的产生与维持由具有挑战性的、开放性的真实世界的问题驱动,并且没有所谓的正确或者权威答案。问题源于人类社会真实情景中具有现实意义的挑战。学生在团队小组中扮演自我指导者、问题发现者和问题解决方案的提出者。教师扮演的是学习促进者的角色,指导学生问题探究的过程,并引导启发学生寻找问题解决方案,以及为学生的团队合作学习创造环境条件支持。师生关系是一种平等、友好、民主的关系,这种关系致力于帮助学生形成良好的批判性思维、动手实践能力和问题解决能力。

项目式学习即在教师的指导下,将一个相对独立的项目交由学生自己处理,信息收集、方案设计、项目实施及最终评价,都由学生自己负责。在一个PBL项目中,驱动型问题(driving questions)、批判性思维和探究(critical thinking and research)、团队合作(team work and collaboration)、表达与沟通交流(communication)、分享(sharing)和整合技术手段(technology integration)等,都是非常关键的要素。项目式学习以一个或多个科学、数学、技术、工程、艺术领域为目标,打破学科间的壁垒和界限,以专题的方式进行跨学科、跨领域整合,帮助学生将所学知识系统化、体系化,并且将所学知识与现实情景中的问题相结合,探索真实问题的解决方案。这与传统教学模式不同,项目式学习是在事实基础上建立一个立体的知识体系并引导学生解决生活中的实际问题的教学模式,具有一定的现实意义和社会效益。

根据加拿大工程教育协会的一项案例研究"学生对学期项目的看法"在大型翻转交付入门编程课程中对技术概念的理解、创造性思维和对编程的兴趣发现,当给学生提供情境项目时,知识会得到提高。工程教育中基于项目的学习已被证明有助于激励、提高保留率和帮助技能发展。研究还发现,技术理解和创造力有着特定的关系,尽管在工程中创造力的发展仍不清楚。然而,基于项目的教育已被证明可以激发创造力,可以促进学生对学科的技术理解。基于项目的教育对工程教育来说并不新鲜,它培养了超越传统学术成果的技能,它的整合也许对改善整体教育产生了许多有益的影响。[①]

---

① Adriaan Roets. The Future of Engineering Education [EB/OL]. [2021-08-21]. https://www.eit.edu.au/the-future-of-engineering-education-focus-on-creativity-and-mental-health/.

六、工程教育将更加重视工程师持续职业发展

人工智能、机器人、纳米技术、数字医疗正在以指数级的速度改变人们的职业路径和工作方式。疫情之后的经济恢复与增长,将不再完全依赖传统的经济增长模式。到 2030 年,就业市场会出现约 9% 的目前尚不存在的新职业。在当今瞬息万变的复杂世界中,仅靠学校教育是不够的,有必要将正式学习与非正式学习融入工程师的专业能力塑造与发展过程中,将持续学习、不断反思和运用所学知识、更新知识储备和继续学习的能力作为培养具有全球竞争力工程师的重要内容。由于人力资本的投资对经济增长和社会发展至关重要,世界各国政府积极提供资金和政策支持,以促进工程科技人才专业能力的可持续发展,进而保持国家的全球竞争力。在加大政府资金和政策支持的同时,大学与行业共同构建了推进工程师终身学习的有效协同模式。大学致力于提供发现新知识与学习的机会,行业则了解工程师所需的新知识与新技能要求。因此,大学与行业企业如果能进行更加紧密的合作,将有利于工程师的终身学习和持续职业发展。

七、工程教育将更加强调直接支持可持续发展

新冠疫情引发人类社会生命健康、经济和社会危机,加剧了现有的不平等和不公正现象,例如在发达经济体,边缘化人群的死亡率更高,在发展中国家,老人、儿童、残疾人、难民等遭受了更大的冲击。新冠疫情对 17 项可持续发展目标的实现进程也造成了重大影响。截至 2020 年 6 月,全球半数劳动者的生计受到严重影响,数千万人重返极端贫困和饥饿。世界各国在抗击疫情过程中的良好合作伙伴关系也受到冲击。然而,这次新冠疫情凸显了科学、技术和工程创新对应对未来新挑战的重要性,也告诫各个国家实现可持续发展目标迫在眉睫。后疫情时期的工程教育将强调面对新挑战,支持可持续发展目标的实现。

2021 年 3 月,联合国教科文组织发布《工程——支持可持续发展》报告,第一次将工程与联合国全部 17 项可持续发展目标直接关联起来①。报告呼吁

① 联合国教科文组织. 工程——支持可持续发展[R/M]. 王孙禺, 乔伟峰, 徐立辉, 谢喆平译. 北京:中央编译出版社,2021.

会员国政府制定政策支持工程科技和工程教育的发展，加强国际合作，提高各国特别是发展中国家的工程能力，吸引更多青年和女性参与工程职业，让更多高素质的工程师为实现可持续发展目标贡献力量。随着政府、大学的政策推动，可以预计，工程教育改革将更加重视直接服务于全球可持续发展和本土性可持续发展的议题。

八、工程教育伙伴关系将呈现在竞争中合作的新特点

从国际上看，当前经济全球化和世界多极化发展面临重大困难，一些非传统威胁等全球性挑战不断增多。虽然大多数国家希望坚持多边主义，但是，以美国为首的西方大国用政治立场和意识形态来划分小圈子的倾向日益明显。以联合国为中心的多边机制是"二战"后国际秩序的基石，对维护世界的和平与发展起到了重要作用。新中国成立以来，中国加入了 500 多项国际公约和几乎所有的政府间国际组织，并全力落实做出的每一项承诺。中国提前 3 年兑现《巴黎气候协定》相关承诺，提前 10 年完成联合国《2030 年可持续发展议程》制定的消除贫困目标。[①]

从我国的发展来看，中国经济的快速复苏和科技创新的日新月异为后疫情时代的工程教育对外合作交流奠定了外部环境基础。[②] 正是由于中国抗疫的经验和成绩以及中国经济发展的快速恢复，令一些国家特别是"一带一路"沿线国家，加快与中国联手，推动经济、教育、科技等领域的深度合作，维护全球化进程，促进全球治理，打造新的国际格局。[③]

从我国工业化发展阶段来看，当前中国是世界上唯一拥有联合国产业分类中全部工业门类的国家，也是全球最大的商品出口国和贸易国，在外汇储备上连续 14 年居世界第一，在海外的中国企业有近 4 万家。中国应用好"一带一路"平台，继续走深走实，向高质量发展，完善中国倡议、各国共建、市场运作、全球共享的模式属性，将其打造成新型国际合作平台。

世界比以往任何时候都更需要多边主义，应发挥国际组织在国际事务治

---

① 高飞,王冬.后疫情时代的国际形势与中国对策[J].和平与发展,2021(01):1-17,130,136-142.

② 魏礼庆,常栩雨.疫情下教育国际合作与交流的思考[J].中国高等教育,2020(22):54-55.

③ 顾明远,滕珺.后疫情时代教育国际交流与合作的新挑战与新机遇[J].比较教育研究,2020,42(09):3-7,13.

理中的重要调节作用。要注重加强我国与国际组织的合作伙伴关系。新冠疫情的暴发显示了全球医疗工程领域合作的重要性,同时也凸显了国际参与和伙伴关系是工程教育国际合作不可或缺的一部分。工程专业组织在跨区域伙伴关系和工程能力建设中发挥着日益重要的作用,工程学术界、产业界、专业机构、政府和民间机构已经建成稳固扩大的朋友圈。我们应积极开展工程教育国际合作和跨学科合作,共同推动工程技术和应用创新,加强建设面向可持续发展目标的工程能力,积极搭建工程教育国际合作平台。

九、全球工程教育治理需要更多发展中国家深度参与

全球工程教育治理是全球教育治理的一个分领域,全球教育治理又是全球治理的重要组成部分。因此,理解全球工程教育治理的概念内涵需从全球治理和全球教育治理这两个上位概念入手。全球治理的概念兴起于 20 世纪 90 年代,由联合国全球治理委员会在 1995 年发布的《天涯成比邻》(*Our Global Neighborhood*)研究报告中正式提出。该报告认为,全球治理是由各国政府、各类国际组织、私营机构等多元化的行为主体,通过参与、谈判和协调等方式,形成一系列正式和非正式的制度安排,以应对人类所面临的全球性重大挑战,例如生态环境问题,实现全球的"善治",增进全人类的福祉。[①] 经过二十多年的发展,伴随着全球化进程的深入,全球治理的概念在政治、经济、军事、环境、安全、教育等诸多领域得到了应用,逐渐被国际社会广泛接受和认可。

工程教育是推动人类文明进步和世界和平发展的重要动力。工程创造了我们当下生活的世界,工程教育决定了我们未来的世界。工程教育是关于工程专业知识和实践知识的教育活动,为世界各国培养了大批高水平、专业化的工程技术人才,显著促进了各国工业化进程,推动了社会进步,增进了人类福祉。[②]

后疫情时代,我国需要坚持教育对外开放不动摇,主动参与到包括工程教育在内的教育各领域的全球治理中,主动加强同世界各国的互鉴、互容、互通,将培养具有全球竞争力的顶尖工程科技人才摆在重要位置,推动工程教育高质量内涵式发展,主动加入相关国际组织和规则制定过程中,积极向国际社会贡献工程教育治理的中国方案。

---

① Our Global Neighborhood. *The Report of the Commission on Global Governance* [M]. New York: Oxford University Press, 1995.

② 邱勇. 我们需要什么样的工程教育[N]. 光明日报,2018-09-30(06).

第三章　国内外工程教育认证的新进展

新冠疫情对工程教育国际合作和工程教育发展模式产生了深刻影响,同时也极大地影响了工程教育认证的全球进程和新发展。本章内容介绍新冠疫情发生之后国内外工程认证的新进展和新变化,并分析新冠疫情之后的工程教育认证发展趋势。

一、我国工程教育专业认证的进展

工程教育认证是工程教育质量保障的最重要手段之一。一般认为,工程教育认证最早源于 20 世纪 30 年代的美国,其理念和实践逐渐向其他国家扩散。我国自 20 世纪 80 年代起开展工程教育评估方面的研究与实践,1994 年建立建设类专业认证试点,一些学者也呼吁加快加入工程教育互认体系,通过国际接轨促进工程教育改革与发展。①

1995 年,我国通过了《中华人民共和国建筑师条例》,并在建筑学专业中开展认证工作,专业认证步入了法制化、规范化和制度化的轨道②;2005 年,国务院批准成立全国工程师制度改革小组。同年,教育部批准成立全国工程教育专业认证专家委员会,启动工程教育认证的研究与试点工作。这是我国开始构建具备国际互认实质等效性的工程教育认证体系的起点。最初仅有 8 所学校的 4 个专业参加了认证试点;2015 年 4 月,中国工程教育专业认证协会

---

①　毕家驹,沈祖炎.我国工程教育与国际接轨势在必行[J].高等工程教育研究,1995(03):7-12,20.

②　雷环,王孙禺.工科教师的结构:以中美研究型大学为例[M].北京:社会科学文献出版社,2016.

（CEEAA）正式成立,组织并实施工程教育认证工作,并修订发布了新的《工程教育认证标准》。2016 年,我国正式成为《华盛顿协议》签约成员,CEEAA 在推动我国工程教育的认证中扮演着越来越重要的作用。该组织作为中国科协所属、教育部支持开展工程教育认证的唯一机构,具有一定的独立性和权威性。

工程教育专业认证协会的成立,标志着我国工程教育专业认证进一步走向规范化。认证协会与各领域专业团体和专家一起,不断努力构建国际实质等效工程教育认证体系,并根据工程教育改革发展需要以及适应政府、行业和社会需求服务等方面,持续发挥积极作用。① 截至 2020 年底,我国已有 257 所高校的 1600 个专业通过工程教育专业认证,包含机械、仪器等 22 个工科专业类。② 疫情发生之后的 2020 年,工程教育专业认证协会的工作仍然持续推进,共对 18 个工程专业领域的 305 个专业进行认证,并根据标准出具认证结论及报告。③ 截至 2021 年底,通过认证的专业总数为 1972 个。2021 年,CEEAA 对423 个专业点进行了考察,其中包括 302 个现场考察、103 个在线考察和 18 个线上线下相结合的考查。CEEAA 通过持续实施具有国际实质等效性的工程教育认证,引导院校专业以评促改,不断提升工程教育的质量。表 3-1 为目前中国工程教育专业认证覆盖的工程领域和专业。

表 3-1　中国工程教育专业认证协会认证的领域与专业*

序号	认证专业领域	涵盖专业
1	机械类	材料成型及控制工程 车辆工程 过程装备与控制工程 机械电子工程 机械工程 机械设计制造及其自动化 汽车服务工程
2	仪器类	测控技术与仪器

① 中国工程教育专业认证协会简介. https://www.ceeaa.org.cn/gcjyzyrzxh/gyxh/jj/index.html.

② 教育部高等教育司关于转发《教育部高等教育教学评估中心中国工程教育专业认证协会关于发布已通过工程教育认证专业名单的通告》的通知[EB/OL].（2021-06-23）[2021-08-02].http://www.moe.gov.cn/s78/A08/tongzhi/202106/t20210623_539714.html.

③ 2020 年认证结论审议会在京召开[EB/OL].（2021-04-07）[2021-06-16].https://www.ceeaa.org.cn/gcjyzyrzxh/xwdt/gzdt66/624313/index.html.

续表

序号	认证专业领域	涵盖专业
3	材料类	材料化学 材料科学与工程 材料物理 复合材料与工程 高分子材料与工程 功能材料 焊接技术与工程 金属材料工程 无机非金属材料工程 新能源材料与器件 冶金工程
4	电子信息类	电子信息工程 电子信息科学与技术 通信工程 微电子科学与工程 信息工程 光电信息科学与工程 电子科学与技术 集成电路设计与集成系统
5	自动化类	自动化
6	电气工程类	电气工程及其自动化 智能电网信息工程
7	计算机类	计算机科学与技术 软件工程 网络工程 物联网工程 信息安全
8	土木类	道路桥梁与渡河工程 土木工程
9	水利类	港口航道与海岸工程 水利水电工程 水文与水资源工程 水务工程

序号	认证专业领域	涵盖专业
10	测绘地理信息类	测绘工程 导航工程 遥感科学与技术
11	化工与制药类、生物工程类及相关领域专业	化学工程与工业生物工程 化学工程与工艺 能源化学工程 制药工程 资源循环科学与工程 生物工程 石油工程 油气储运工程 海洋油气工程
12	地质类	地下水科学与工程 地质工程 勘查技术与工程 资源勘查工程
13	矿业类	采矿工程 矿物加工工程 矿物资源工程
14	纺织类	纺织工程 非织造材料与工程 服装设计与工程
15	轻工类	包装工程 轻化工程
16	交通运输类	航海技术 交通工程 交通设备与控制工程 交通运输 轮机工程
17	兵器类	弹药工程与爆炸技术 探测制导与控制技术 特种能源技术与工程 武器系统与工程 信息对抗技术

续表

序号	认证专业领域	涵盖专业
18	核工程类	辐射防护与核安全 核工程与核技术 核化工与核燃料工程
19	环境类	环保设备工程 环境工程
20	食品科学与工程类	粮食工程 酿酒工程 食品科学与工程 食品质量与安全
21	安全科学与工程类	安全工程
22	农业工程类	农业水利工程

＊本表根据中国工程教育专业认证协会网站认证结论查询整理

除了按照国际等效标准认证的专业外,我国仍有大量工科专业没有进入认证视野。2018年,教育部高教司提出了建立工程教育三级专业认证体系的设想,"一级保合格、二级上水平、三级追卓越"。这一举措的目的是在高等工程教育质量管理方面引入分阶段和分层次的管理方式①。三级认证体系更早出现在师范类专业中,认证标准包含"培养目标、毕业要求、课程教学、合作实践、师资队伍、支持条件、质量表彰和学生发展等八个方面"②。由于各种复杂的原因,工程教育领域的三级认证还未正式实施,但是这种设想反映了结合中国实际特点,不断借助认证手段完善工程教育质量保障体系的强烈愿望。

我国工程教育认证体系的发展与教育部高等教育教学评估中心的支持密不可分。评估中心认证工作处主要承担了专业认证的组织、管理、研究及国际交流等工作,同时也承担了中国工程教育认证协会秘书处的日常工作,对于我国工程教育认证起到了协调作用。2004年4月,教育部高等教育教学评估中心正式成立,标志着我国高等教育教学评估走向规范化、科学化、制度化和专

①② 刘坤轮.我国高等教育三级专业认证的基本要求及现实路径[J].河南大学学报(社会科学版),2021,61(01):133-137.

业化的发展阶段。教育部高等教育教学评估中心成立以来,先后开展了全国高校本科教学工作水平评估、新建高校本科教学工作合格评估、高等学校本科教学工作审核评估、工程教育认证、师范类专业认证、医学教育认证以及国际联合认证,同时开展了高等教育质量常态监测、年度高等教育质量报告研制等工作。① 2022 年,教育部高等教育教学评估中心正式更名为教育部教育质量评估中心。将新增学前教育、普通中小学教育、特殊教育、职业教育等各级各类教育质量评估监测业务职能,正式转变为全口径、全学段、全类型的教育质量评估监测专业机构,这对完善我国教育质量保障工作将发挥重要作用。需要注意的是,教育部教育质量评估中心仍然具有较强的政府色彩,并非完全的非政府组织,在对外交流中需要强调中国工程教育专业认证协会的独立性与权威性。

二、国际工程联盟《华盛顿协议》的新进展

《华盛顿协议》(*Washington Accord*)是目前最具影响力、最具权威性的本科层次工程教育国际互认协议。该协议于 1989 年由美国、英国、加拿大、爱尔兰、澳大利亚、新西兰 6 个英语语言国家的民间工程组织和团体共同发起成立。我国加入 WTO 之后,为促进我国工程技术职称改革和工程技术人员国际之间的流动。2005 年起组建全国工程师制度改革小组,为我国工程师制度框架设计做准备,将对外交流、探索建立工程教育专业认证体系等工作提上日程②,经过不懈的努力,2013 年中国科学技术协会(CAST)代表中国成为《华盛顿协议》预备成员,2016 年成为正式成员。我国的工程教育认证由中国工程教育专业认证协会实施,中国工程教育专业认证协会的标准与《华盛顿协议》认证标准、认证程序等效,其认证结果得到《华盛顿协议》成员认可,为将来的工程技术人员流动奠定了坚实基础。

目前,《华盛顿协议》的成员组织数量不断扩大。截至 2022 年 4 月,《华盛顿协议》共有 21 个正式签约成员和 7 个临时成员(如表 3-2 所示)。随着越来越多的发展中国家加入华盛顿协议,工程教育认证的成员结构发生了很大变

---

① 中心简介[EB/OL].[2021-08-05]. http://www.heec.edu.cn/pgcenter/zxgk/zxjj/index.html.
② 蒋建科.我国顺利加入《华盛顿协议》对我国工程技术领域应对国际竞争走向世界具有重要意义[EB/OL].(2013-06-19)[2021-06-23]. http://scitech.people.com.cn/n/2013/0619/c1007-21897968.html.

化。根据该协议治理规则,每位正式成员的表决权是均等的,我国和其他发展中国家在协议发展中可以发挥更大的作用。

表 3-2 《华盛顿协议》签约成员

截至 2022 年 4 月

签约国家和地区	代表团体及签署年份	正式/临时
美国	Accreditation Board for Engineering and Technology（ABET）（1989）	正式
英国	Engineering Council United Kingdom（ECUK）（1989）	正式
加拿大	Engineers Canada（EC）（1989）	正式
爱尔兰	Engineers Ireland（EI）（1989）	正式
澳大利亚	Engineers Australia（EA）（1989）	正式
新西兰	Engineering New Zealand（EngNZ）（1989）	正式
中国香港	The Hong Kong Institution of Engineers（HKIE）（1995）	正式
南非	Engineering Council South Africa（ECSA）（1999）	正式
日本	JABEE（2005）	正式
新加坡	Institution of Engineers Singapore（IES）（2006）	正式
韩国	Accreditation Board for Engineering Education of Korea（ABEEK）（2007）	正式
中国台湾	Institute of Engineering Education Taiwan（IEET）（2007）	正式
马来西亚	Board of Engineers Malaysia（BEM）（2009）	正式
土耳其	Association for Evaluation and Accreditation of Engineering Programs（MÜDEK）（2011）	正式
俄罗斯	Association for Engineering Education of Russia（AEER）（2012）	正式
斯里兰卡	Institution of Engineers Sri Lanka（IESL）（2014）	正式
印度	National Board of Accreditation（NBA）（2014）	正式
中国	China Association for Science and Technology（CAST）（2016）	正式
巴基斯坦	Pakistan Engineering Council（PEC）（2017）	正式

签约国家和地区	代表团体及签署年份	正式/临时
秘鲁	Instituto de Calidad y Acreditacion de Programas de Computacion, Ingenieria y Tecnologia (ICACIT) (2018)	正式
哥斯达黎加	Colegio Federado de Ingenieros y de Arquitectos de Costa Rica (CFIA) (2020)	正式
墨西哥	Consejo de Acreditación de la Enseñanza de la Ingeniería (CACEI) (2016)	临时
菲律宾	Philippine Technological Council (PTC) (2016)	临时
孟加拉国	The Institution of Engineers Bangladesh (IEB) (2016)	临时
智利	Agencia Acreditadora Colegio De Ingenieros De Chile S A (ACREDITA CI) (2018)	临时
缅甸	Myanmar Engineering Council (MEngC) (2019)	临时
印度尼西亚	Indonesian Accreditation Board for Engineering Education (IABEE) (2019)	临时
泰国	Council of Engineers Thailand (COET) (2019)	临时

来源:国际工程教育中心根据 IEA 官网整理

三、近年来工程教育认证活动

(一) 对专家现场考察的影响

工程教育认证是各国工程人才的质量保障手段,毕业生毕业于被认证过的专业,意味着所获得的学位能够受到互认协议成员所在司法管辖区的认可,为毕业生申请注册为工程师提供了便利。工程教育认证不仅对学生发展有利,定期进行工程专业认证也促进了院校工程专业的持续改进。

新冠疫情对工程教育认证活动特别是现场考察产生了很大影响。例如,美国工程与技术认证委员会(ABET)认为,受新冠疫情影响,全世界高校传统授课形式均受到不同程度的影响。无论是高校的教师还是员工均大规模采用线上办公的形式,所有原本的线下课程也被迫转移到线上;诸多实验室停摆,学生和指导老师无法真正地进行实验实践课程;原本评分评价体系也发生了变化;学生只能在不同的情况下进行学习;部分数据和文件的收集也被打断。① 一切似乎都发生得太过突然,并没有为广大的教育者和学生提供足够的时间去调整和适应。

新冠疫情对认证的一个重要影响是很多时候专家无法进校进行现场考察。2020 年 2 月,中国工程教育专业认证协会(CEEAA)《致全体认证专家的信》中,对工程教育认证工作进行了相应的调整,包括推迟部分高校的认证进校时间,调整专业自评报告提交时间和专家审议方式,取消或推迟现场培训和辅导,开展线上培训与辅导答疑等,以确保认证工作的质量。② 随后 CEEAA 开展了一系列线上培训活动,以应对工程教育认证的最新动态、形势、要求和《华盛顿协议》的线上周期性检查。除了专家进校的调整之外,为了简化自评报告和确保认证工作的有效开展,CEEAA 对工程教育认证自评报告的要求先后做出两次修订。工程教育认证自评报告由学生、培养目标、毕业要求、持续改进、课程体系、师资队伍、支持条件等重要部分组成。在 2020 年修订版中,CEEAA 首先在"学生"章节中加入了专业如何开展自评工作、如何引导学生理解和践行社会主义价值观的要求,从工程教育的角度落实立德树人的根本任务。在"持续改进"章节中,明确了对专业建立产出评价机制的要求,这确定了产出评价机制的底线。2020 年版本的自评报告指导书对各章节撰写要求作了适当简化。2022 年 4 月,工程教育认证自评报告指导书进行了第二次修订。CEEAA 根据实际情况进一步限制自评报告的篇幅,简化撰写要求。考虑到专家入校考察的困难,由学校提供原始制度文档、教学材料等必要材料,最大限度地避免自评报告与实际实施不一致的情况。同时细化了各个指标的描述,明确了内部评价机制等内容。对于学生实习、综合设计、毕业设计/论文等相关的教学环节提出了更高的要求。同时要求参评专业提交《申请学校承诺书》,以保障自评报告及附件的真实性。在这次修订中,CEEAA 进一步明确了自评报告中易混淆内容的表述。

为应对疫情,2021 年 6 月国际工程联盟年会通过了线上考察的相关程序,对接纳新成员、现有成员的周期性检查和成员组织线上开展专业认证做了明

① https://www.abet.org/wp-content/uploads/2021/08/2021-EAC-Institutional-Rep-Slides.pdf.

② 中国工程教育专业认证协会致全体认证专家的信[EB/OL]. https://www.ceeaa.org.cn/gcjyzyrzxh/xwdt/gzdt66/617733/index.html.

确规定,并在 2021—2022 年按照线上考察的要求对多个成员组织进行了考察。2022 年的国际工程联盟年会上,专门讨论了线上考察程序存在的问题。一些成员代表认为线上考察与实地考察相比可靠性不足。国际工程联盟为了确保质量,采用了两步确认方式,一是先对线上考察结果进行表决,二是疫情结束后再进行确认。

(二)疫情期间工程教育认证标准的修订

疫情前后,相关组织开展了工程教育认证标准的修订工作。以 ABET 为例,美国的工程专业认证标准包含标准 1 学生、标准 2 课程教育目标、标准 3 学生成果、标准 4 持续改进、标准 5 课程、标准 6 教师、标准 7 设施、标准 8 机构支持。从 ABET 官网中提及的尚在公示期的拟变更条款来看,2019—2020 年度,ABET 的评估准则发生了一次较大的变化,该评价准则在 2018 年 11 月正式发布,并于 2019—2020 年评价周期生效(见表 3-3,表 3-4)。

表 3-3　标准 3 学生成果变化对比[①]

2019—2020 标准	旧标准
1. 运用工程学、科学和数学原理来识别、规划和解决复杂工程问题的能力	a. 数学、科学和工程学知识的应用能力 e. 识别、规划以及解决工程问题的能力
2. 运用工程设计生成满足特定需求的解决方案,同时考虑到公共卫生、安全和福祉,以及全球、文化、社会、环境和经济因素的能力	c. 在经济、环境、社会、政治、伦理、卫生与安全、工艺性和持续性等限制条件下,根据需要,设计一个系统、组件或程序的能力
3. 与不同听众进行有效交流的能力	g. 有效的人际交流能力
4. 在工程情况下,认识到伦理和职业责任并做出明智判断的能力,做判断必须考虑工程解决方案在全球、经济、环境和社会情境中的影响	f. 对职业与伦理责任的认知 h. 理解工程解决方案在全球、经济和社会环境中的影响力所需的宽厚的教育基础 j. 有关当代问题的知识

---

① 郄海霞,陈艳艳. 秉承卓越:美国工程教育专业认证标准的变革路径与价值趋向[J/OL]. 现代教育管理,2021(02):63-69. DOI:10.16697/j.1674-5485.2021.02.009. 标准 3 学生成果变化对比和标准 5 课程变化对比.

续表

2019—2020 标准	旧标准
5. 在团队中有效运作的能力,团队成员一起领导,创造一个协作、包容的环境,建立目标、计划任务并满足目标	d. 在多学科综合小组中开展工作的能力
6. 开发并进行实验、分析和解释数据以及运用工程判断得出结论的能力	b. 制定实验方案、进行实验以及分析和解释数据的能力
7. 根据需要,运用适当的学习策略,获取和应用新知识的能力	i. 对终身学习必要性的认识和参与能力
	k. 在工程实践中运用各种技术、技能和现代工程工具的能力

注:旧标准的 k 体现在 1、2 和 6 中

表 3-4　标准 5 课程变化对比

2019—2020 标准	旧标准
1. 大学水平数学和包含实验的基础科学课程≥30 学分	a. 一年的大学数学和包含实验的基础科学课程
2. 工程主题课程(工程与计算机科学、工程设计和现代工程工具使用)≥45 学分	b. 一年半的工程主题课程(工程科学和工程设计)
3. 作为技术内容的补充,与专业目标一致的广泛教育课程	c. 作为技术内容的补充,与专业和机构目标一致的通识教育课程
4. 基于早期课程所获得的知识和技能并且满足工程标准和多种限制的工程设计经验	d. 学生必须通过课程为工程实践做好准备,基于早期课程所获的知识和技能并且满足工程标准和多种限制形成工程设计经验
一年学分:30	一年学分:32 或毕业要求总学分的四分之一,取二者中较少者

　　2021 年 10 月 31 日,ABET 对通用标准进行修改,如 2022 年通过,将适用于 2023—2024 年度的认证。此次修改集中在重要概念定义、标准 5 课程和标准 6 教师部分。

　　对重要概念的定义问题,考虑到包容(inclusive)、多样性(diversity)和公平(equity)在实际操作中的模糊性,ABET 建议将对其加以明确定义[①]:包容是所

　　①　IV. PROPOSED CHANGES TO THE CRITERIA[EB/OL]. (2021). https://abet.co1. qualtrics. com/jfe/form/SV_bjvdrzMlQRko8PY.

有成员尊重、支持和重视他人的有意、主动和持续的努力和实践。一个包容的环境提供了对机会和资源的公平获取,使每个人都能平等参与,并在言行上尊重所有人;多样性是人类差异的范围,包括使一个人或群体与另一个不同的特征。(多样性包括但不限于以下特征:种族、民族、文化、性别认同和表达、年龄、国籍、宗教信仰、工作部门、身体能力、性取向、社会经济地位、教育、婚姻状况、语言、外貌和认知差异);公平是通过有意识地关注他们不同的需求、条件和能力来为所有人提供公平的待遇、机会、机会和进步。实现公平需要了解差距的历史和系统模式,以解决和消除障碍并消除参与差距,作为实现公平结果和社会正义的综合战略的一部分。

相应地,ABET 在标准 5 课程中,也针对上述新增的重要概念添加了"与机构的使命和计划教育目标相一致的专业教育部分,并促进职业成功的多样性、公平和包容意识"。在标准 6 教师中,新增了"该计划的教师必须展示适合为其学生提供公平和包容性环境的意识和能力,以及有关多样性、公平和包容性的适当机构政策的知识"。删除了曾经的单一描述"背景多样性"。新增的这些描述,突出体现了 ABET 希望工程教育认证中引导专业建设吸收包容、多样和公平的价值观。

中国工程教育认证协会 2022 年 4 月正式发布了按照我国《标准化工作导则第 1 部分:标准化文件的结构和起草规则》制定的《工程教育认证标准》,这次修订将认证标准列入国家标准。修改标准进一步明确了开展工程教育认证的目标是"推动中国工程教育的质量监控体系构建,推进中国工程教育改革,进一步提高工程教育质量;建立与工程师制度相衔接的工程教育认证体系,促进教育界与企业界的联系,增强工程教育人才培养对产业发展的适应性;促进中国工程教育的国际互认"[①]。在此基础上,这也是在疫情之后,2021 年国际工程联盟 IEA 发布《毕业要求和职业胜任力》(GAPC)之后对于标准的进一步修订。

四、国际工程联盟《毕业要求和职业胜任力》标准修订

国际工程联盟(International Engineering Alliance,IEA)是一个全球性的非营利组织,其成员来自 29 个国家和地区的 41 个司法管辖区。国际工程联盟由 7 个国际协议构成:《华盛顿协议》(*Washington Accord*,WA)、《悉尼协议》

---

① 工程教育认证标准(征求意见稿)[EB/OL].(2022). https://www.ceeaa.org.cn/gcjyyzyrzxh/xwdt/tzgg56/629706/2022042216222792229.pdf.

(*Sydney Accord*，SA)、《都柏林协议》(*Dublin Accord*，DA)、《国际职业工程师协议》(*International Professional Engineers Agreement*，IPEA)、《国际工程技术员协议》(*International Engineering Technologists Agreement*，IETA)、《亚太工程师协议》(*Asia-Pacific Economic Cooperation Engineer Agreement*，APEC)和《国际工程技师协议》(Agreement for International Engineering Technicians，AIET)。其中，《华盛顿协议》《悉尼协议》《都柏林协议》为教育互认协议，《国际职业工程师协议》《国际工程技术员协议》《亚太工程师协议》《国际工程技师协议》为工程技术人员资格互认协议。

《毕业要求和职业胜任力》(*Graduate Attributes and Professional Competencies*，GAPC)框架是国际工程联盟制定的工程教育和工程师资格互认国际标准[①]，是协议成员进行工程教育互认和工程师资格互认的基础。该标准对于提高工程教育的质量和增强工程专业人才的全球流动性至关重要。2019 年 11 月至 2021 年 6 月，国际工程联盟、世界工程组织联合会、UNESCO 国际工程教育中心等多个国际组织组成工作组，对 GAPC 国际基准框架进行了修订。在世界工程组织联合会(World Federation of Engineering Organization，WFEO)和联合国教科文组织(UNESCO)的支持下，2021 年 6 月 21 日 IEA 发布了修订版。这是 2013 年以来最重要的一次修订。

《华盛顿协议》《悉尼协议》《都柏林协议》的成员组织在认证标准制定中都需要参照《毕业要求》(*Graduate Attributes*，GA)，见表 3-5。

表 3-5　国际工程联盟教育协议《毕业要求》[②]

差异化的特征	工程师轨的毕业生	工程技术员轨的毕业生	工程技师轨的毕业生
工程知识:按照理论与实践上的知识的广度、深度与类型来区分	WA1:运用数学、自然科学、计算与工程基础知识以及 WK1~WK4 中所分别规定的工程专门知识,开发复杂工程问题的解决方案	SA1:运用数学、自然科学、计算与工程基础知识以及 SK1~SK4 中所分别规定的工程专门知识,界定和应用工程流程、工艺、系统或方法	DA1:将数学、自然科学、工程基础知识以及 DK1~DK4 中所分别规定的工程专业知识,广泛用于实际流程与实践

① Updating the IEA's Graduate Attributes and Professional Competencies Framework［EB/OL］. (2020-11-19)［2021-10-28］. https://engineerscanada.ca/news-and-events/news/updating-the-ieas-graduate-attributes-and-professional-competencies-framework.

② IEA. Graduate attributes and professional competencies (2021). International Engineering Alliance.

差异化的特征	工程师轨的毕业生	工程技术员轨的毕业生	工程技师轨的毕业生
问题分析:按照分析的复杂性来区分	WA2:基于可持续发展的整体考虑,运用数学、自然科学和工程科学的第一性原理,识别、制定、研究文献并分析复杂工程问题,得出经证实的结论*(WK1~WK4)	SA2:使用适合本学科或专业领域的分析工具,识别、制定、研究文献和分析广义工程问题,得出经证实的结论(SK1~SK4)	DA2:使用本活动领域特定的经汇编的分析方法识别和分析狭义工程问题,并得出经证实的结论(DK1~DK4)
解决方案设计/开发:按照工程问题的广度和独特性,即问题的新颖程度,以及解决方案的原创程度来区分	WA3:为复杂工程问题设计创造性的解决方案,设计系统、部件或流程以满足确认的需求,适当考虑公共健康与安全、全寿命周期成本、净零碳以及按照要求考虑资源、文化、社会和环境等(WK5)	SA3:为广义工程技术问题设计解决方案,对系统、部件或流程的设计有所贡献,以满足确认的需求,适当考虑公共健康与安全、全生命周期的成本、净零碳以及按照要求考虑资源、文化、社会和环境等(SK5)	DA3:为狭义技术问题设计解决方案,并协助设计系统、部件或流程,以满足特定的需求,适当考虑公共健康与安全,以及按照要求考虑文化、社会和环境等(DK5)
调查:按照调查和实验的广度和深度来区分	WA4:使用包括基于研究的知识、实验设计、数据分析和解释以及信息综合等在内的研究方法,对复杂工程问题进行调查,以提供可靠的结论(WK8)	SA4:从代码、数据库和文献中检索、查找和选择相关数据,设计并执行实验,对广义工程问题进行调查,以提供可靠的结论(SK8)	DA4:检索和查找相关的代码和目录,进行标准测试和测量,对狭义问题进行调查(DK8)
工具使用:按照对技术和工具的适当性的理解程度来区分	WA5:创造、选择和应用适当的技术、资源以及现代工程和信息技术工具,包括预测和建模,以解决复杂工程问题(WK2和WK6),并认识到其中的局限性	SA5:选择和应用适当的技巧、资源以及现代工程和信息技术工具,包括预测和建模,以解决广义工程问题(SK2和SK6),并认识到其中的局限性	DA5:将适当的技巧、资源以及现代计算、工程和信息技术工具,以解决狭义工程问题,并认识到其中的局限性(DK2和DK6)

续表

差异化的特征	工程师轨的毕业生	工程技术员轨的毕业生	工程技师轨的毕业生
工程师与世界:按照对可持续发展的认识水平和责任感来区分	WA6:在解决复杂工程问题时,分析和评估可持续发展*对以下方面的影响:社会、经济、可持续性、健康和安全、法律框架和环境(WK1、WK5和WK7)	SA6:在解决广义工程问题时,分析和评估可持续发展*对以下方面的影响:社会、经济、可持续性、健康和安全、法律框架和环境(SK1、SK5和SK7)	DA6:在解决狭义工程问题时,评估可持续发展*对以下方面的影响:社会、经济、可持续性、健康与安全、法律框架和环境(DK1、DK5和DK7)
伦理:按照理解和实践水平来区分	WA7:运用伦理原则,遵循工程实践的职业伦理和规范,遵守相关的国家和国际法律。表现出对多样性和包容性需求的理解(WK9)	SA7:理解并遵循工程技术实践的职业伦理和规范,包括遵守国家和国际法律。表现出对多样性和包容性需求的理解(SK9)	DA7:理解并遵循技师的职业伦理和规范,包括遵守相关法律。表现出对多样性和包容性需求的理解(DK9)
个人和协作的团队合作:按照在团队中的作用和多样性来区分	WA8:在多样性和包容性的团队中,以及在多学科、面对面、远程和分布式的环境中,作为个人、成员或领导者有效地发挥作用(WK9)	SA8:在多样性和包容性的团队中,以及在多学科、面对面、远程和分布式的环境中,作为个人、成员或领导者有效地发挥作用(SK9)	DA8:在多样性和包容性的团队中,以及在多学科、面对面、远程和分布式的环境中,作为个人、成员或领导者有效地发挥作用(DK9)
沟通:按照所从事活动的类型,提高沟通水平来区分	WA9:就复杂工程活动与工程界和整个社会进行有效地和包容性地沟通,例如能够理解和撰写实际的报告和设计文件,进行有效展示,同时考虑到文化、语言和学习的差异	SA9:就广义工程活动与工程界和整个社会进行有效的和包容性的沟通,例如能够理解和撰写实际的报告和设计文件,进行有效展示,同时考虑文化、语言和学习的差异	DA9:就狭义工程活动与工程界和整个社会进行有效的和包容性的沟通,例如能够理解他人的工作,记录自己的工作,并给予和接受明确的指导

差异化的特征	工程师轨的毕业生	工程技术员轨的毕业生	工程技师轨的毕业生
项目管理和财务：按照不同类型的活动所需的管理水平来区分	WA10：作为团队的成员和领导者，将对工程管理原则和经济决策的知识和理解，运用于自己的工作中，并在多学科环境下进行项目管理	SA10：作为团队的成员和领导者，将对工程管理原则的知识和理解，运用到自己的工作中，并在多学科环境下进行管理项目	DA10：作为技术团队的成员或领导者，表现出遵循工程管理原则的意识，并在多学科环境下进行管理项目
终身学习：按照持续时间和方式来区分	WA11：认识到以下需求，为其做好准备并具有相应能力：独立学习、终身学习；适应新型技术和新兴技术；在最广泛的技术变革背景下进行批判性思考（WK8）	SA11：认识到以下需求并具有相应能力；独立学习、终身学习；面对新的专门技术进行批判性思考（SK8）	DA11：认识到专门技术知识的需求，并具有独立更新的能力（DK8）

＊以 17 个联合国可持续发展目标（UN-可持续发展目标）为代表

来源：IEA. Graduate attributes and professional competencies（2021）. International Engineering Alliance. 国际工程教育中心译。

国际工程联盟的四个工程技术人员协议，其中国际专业工程师协议（IPEA）、亚太工程师协议（APEC）的要求基本一致，对应《华盛顿协议》，国际工程技术专家协议（IETA）和国际工程技术员协定（AIET）分别对应《悉尼协议》和《都柏林协议》。以下是各类工程技术人员的职业胜任力（Professional Competency，PC）表述，见表 3-6。

表 3-6　国际工程联盟对不同类型工程技术人员职业胜任力描述

差异化的特征	职业工程师	工程技术员	工程技师
理解并应用普遍的知识：按照教育的广度与深度以及知识的种类来区分	EC1：理解并应用基于广泛适用的原则的，针对良好实践的高级知识	TC1：理解并运用普遍认可的，包含于应用性流程、工艺、系统或方法中的知识	NC1：理解并运用包含于标准化实践中的知识

续表

差异化的特征	职业工程师	工程技术员	工程技师
理解并应用当地知识:按照当地知识的类型来区分	EC2:理解并应用基于广泛适用的原则的,针对司法管辖区良好实践的高级知识	TC2:理解并运用包含于流程、过程、系统或方法中的,为司法管辖区实践所特有的知识	NC2:理解并运用包含于标准化实践,为司法管辖区实践所特有的知识
问题分析:按照分析的复杂性来区分	EC3:在适用的情况下,利用数据和信息技术,对复杂问题进行定义、调查和分析	TC3:在适用的情况下,利用计算与信息技术,对广义问题进行识别、阐明和分析	NC3:在适用的情况下,利用计算与信息技术,对狭义问题进行识别、表述和分析
解决方案的设计与开发:按照问题的性质以及解决方案的独特性来区分	EC4:在考虑各种观点和利益相关者意见的情况下,为复杂问题设计或制定解决方案	TC4:在考虑各种观点的情况下,为广义问题设计或制定解决方案	NC4:为狭义问题设计或制定解决方案
评估:按照活动类型来区分	EC5:评估复杂活动的成果和影响	TC5:评估广义活动的成果和影响	NC5:评估狭义活动的成果和影响
对社会的保护:按照活动类型,以及考虑可持续结果的责任来区分	EC6:认识到复杂活动中可预见的经济、社会和环境影响,并寻求实现可持续性的成果*	TC6:认识到广义活动中可预见的经济、社会和环境影响,并寻求实现可持续性的成果*	NC6:认识到狭义的活动中可预见的经济、社会和环境影响,并寻求实现可持续性的成果*
法律、监管和文化:此特征中没有区别	EC7:在所有活动过程中,满足所有法律、法规和文化要求,并保护公众健康和安全	TC7:在所有活动过程中,满足所有法律、法规和文化要求,并保护公众健康和安全	NC7:在所有活动过程中,满足所有法律、法规和文化要求,并保护公众健康和安全
伦理:此特征中没有区别	EC8:开展活动时遵循伦理准则	TC8:开展活动时遵循伦理准则	NC8:开展活动时遵循伦理准则
管理工程活动:按照活动的类型来区分	EC9:管理一项或多项复杂活动的部分或全部	TC9:管理一项或多项广义活动的部分或全部	NC9:管理一项或多项狭义活动的部分或全部
沟通与合作:要求进行包容性沟通。此特征中没有区别	EC10:在所有活动过程中,使用多种媒介与广泛的利益相关者进行清晰的、包容性的沟通与合作	TC10:在所有活动过程中,使用多种媒介与广泛的利益相关者进行清晰的、包容性的沟通与合作	NC10:在所有活动过程中,使用多种媒介与广泛的利益相关者进行清晰的、包容性的沟通与合作

续表

差异化的特征	职业工程师	工程技术员	工程技师
持续职业发展(CPD)和终身学习:按照继续学习的准备及其深度来区分。此特征中没有区别	EC11:开展持续职业发展活动,以保持和扩展胜任力,并提高适应新兴技术和不断变化的工作性质的能力	TC11:开展持续职业发展活动,以保持和扩展胜任力,并提高适应新兴技术和不断变化的工作性质的能力	NC11:开展持续职业发展活动,以保持和扩展胜任力,并提高适应新兴技术和不断变化的工作性质的能力
判断:按照高级知识的水平,以及与活动类型有关的能力和判断力来区分	EC12:认识到复杂性,并根据竞争性要求和不完整的知识进行评估备选方案。在所有复杂活动过程中具有良好判断力	TC12:选择适当的技术来处理广义的问题。在所有广义活动过程中具有良好判断力	NC12:选择并运用适当的专业技术。在所有狭义活动过程中具有良好判断力
对决策负责:按照承担责任的活动类型来区分	EC13:负责对部分或全部复杂活动进行决策	TC13:负责对一项或多项广义活动的部分或全部做出决策	NC13:负责对一项或多项狭义活动的部分或全部做出决策

＊以17个联合国可持续发展目标(UN-可持续发展目标)为代表。

来源:IEA. Graduate attributes and professional competencies (2021). International Engineering Alliance. 国际工程教育中心译。

　　本项目研究期间,国际工程教育中心受邀全程参加了国际工程联盟《毕业要求和职业胜任力》标准的修订。这次修订是在疫情期间的一项重要工作。专家组在讨论中深切体会到工程师对疫情之后全球可持续发展的极端重要性。本次修订中,针对工程职业、新兴技术、工程学科、工程实践、全球可持续发展的变化,确定工程师的知识结构、能力素质要适应未来需求,在六个方面应予以特别关注:第一,适应未来工程职业的要求,团队合作、沟通、伦理、持续职业发展;第二,适应新兴技术发展的要求,数字化学习、主动工作的经验、终身学习;第三,适应新兴和未来工程学科与工程实践的要求,保留学科独立方法的同时,加强数据科学、其他相关科学和终身学习能力;第四,回应联合国可持续目标的要求,考虑技术、环境、社会、文化、经济、金融和全球责任对制定工程技术解决方案的影响;第五,回应多样性和包容性的要求,在团队工作、沟通、合规性、环境、法律等体系中,考虑多样性与包容性;第六,回应灵活性、创造性和创新性的要求,在设计和开发解决方案时,强调批判性思维和创新能力。

上述关切主要体现在《问题解决范围》《工程活动范围》《知识和态度概述》《毕业要求》《职业胜任力概述》5 个核心表格的内容修订。表格名称最大的变化是将原来的"知识要求"改为"知识态度要求",强调了态度在知识学习中的附带性。在具体表述上,有很多修改值得关注,本处仅择要举例,并介绍修改理由①。课题组研究人员对重要的修订进行了梳理②,包括以下内容:

第一,工程问题范围。在工程问题与相关问题的冲突维度(WP2,SP2)③,明确将非技术问题纳入到复杂工程问题和广义工程问题的范围,这与工程问题的日益综合化、复杂化的趋势相一致;在分析深度维度(WP3),要求复杂工程问题的解决方案具有创造性和独创性。

第二,工程活动范围。在工程活动可以利用的资源范围上进行了很大的扩展(EA1,TA1,NA1)④,包括"人力、数据和信息、自然、财力和物质资源以及适当的技术,包括分析和/或设计软件"。之所以做出扩展,是因为现在工程活动所能利用的资源远比 10 年前要丰富,需要予以充分重视。

第三,知识和态度要求。对《华盛顿协议》《悉尼协议》和《都柏林协议》认证的专业,均增加了"对相关的社会科学有所认识"(WK1)⑤。做出修改主要是强调工程学科与支持性学科的关系,例如社会学和心理学可以支持计算机和工业工程;经济学支持所有传统工程学科。WK5 和 SK5 全面体现了净零碳相关知识的要求,"包括有效资源利用、环境影响、全寿命周期成本、资源再利用、净零碳和类似概念在内的知识,为某个实践领域内的工程设计和操作提供支持"。WK7、SK7 和 DK7 中,均增加了可持续性知识的要求,为简洁表述,在脚注中提及联合国可持续发展目标。主要是确保工程项目在其课程中关注可持续发展问题时,在联合国可持续发展目标的框架内进行,即使具体的学科只是与其中的某些目标有关。

---

① 修改重点和修改理由的分析是专家组的集体贡献。本处是作者结合专家组讨论所做的个人理解,不代表官方解释,仅供参考。

② 乔伟峰、王玉佳、王孙禺. 基于共同体准则的治理:工程教育认证的理论源流与实践走向[J]. 华东师范大学学报(教育科学版),2022(8).

③ WP 是华盛顿协议问题解决范围的缩写,SP 是悉尼协议问题解决范围的缩写。

④ EA、TA、NA 分别是工程师协议、工程技术员协议、工程技师协议的缩写。

⑤ WK、SK、DK 分别是华盛顿协议、悉尼协议、都柏林协议知识和态度(Knowledge and Attitude Profile)要求的缩写。

第四,毕业要求。在华盛顿协议和悉尼协议毕业生的工程知识维度,均增加了计算知识(WA1、SA1)[①]的要求,与数学、自然科学、工程基础知识和工程专业知识并列。这里增加的计算知识不同于工具使用,而是指计算基础知识,包括适合工程学科的算法、数值分析、基本优化方法等。在问题分析维度,华盛顿协议毕业生中,要求"基于可持续发展的整体考虑,运用数学、自然科学和工程科学的第一性原理,识别、制定、研究文献并分析复杂工程问题,得出经证实的结论",这表明可持续发展要作为分析复杂工程问题的必要前提。在设计开发解决方案维度(WA3、SA3),也相应提出"适当考虑公共健康与安全、全寿命周期成本、净零碳以及按照要求考虑资源、文化、社会和环境等"。这些要求与2013版相比明显提高。在调查维度,强调了研究方法和研究知识(WA4)。在工具使用维度,要求"创造、选择和应用适当的技术、资源以及现代工程和信息技术工具,包括预测和建模,以解决复杂工程问题,并认识到其中的局限性"(WA5)。要求能从最近的技术工具中选择和应用适当的工具,并在无法选择时能创建一个工具。这里不是指创造一个全新的工具,而是指改进和综合,例如为现有软件增加一个功能,综合两个单独可用的工具,改变有的模型等。此外,在工程师与世界维度,同样增加了评估可持续发展对相关问题的相关影响(WA6)。在伦理维度,增加了遵守国际法律的要求(WA7)。在个人和团队协作维度,增加了包容性、多学科合作的要求,这里的包容,主要是指团队必须学会与不同背景和不同学习水平的个体合作,团队合作特别是多学科合作是重要挑战,不仅要实现,而且在开始后要持续。

第五,职业胜任力要求。职业胜任力要求与毕业要求有内在的一致性,但是相对概括。在问题分析维度,对工程师、工程技术员、工程技师均要求"在适用的情况下,利用数据和信息技术,对复杂/广义/狭义问题进行定义、调查和分析"(EC3、TC3、NC3)[②]。"利用数据和信息技术"是新增加的内容。在保护社会维度,均增加了考虑可持续结果的责任(EC6、TC6、NC6)。在持续职业发展维度,均增加了"提高适应新兴技术和不断变化的工作性质的能力",更加强调在技术迅速变化的世界中终身学习的重要性。

总体上,本次修订具有以下主要特点:一是增加,例如可持续发展目标、态

---

① WA、SA分别是华盛顿协议、悉尼协议毕业要求(Graduates Attributes)的缩写。

② EC、TC、NC分别是工程师、工程技术员、工程技师职业胜任力(Professional Competencies)的缩写。

度、资源利用方式、净零碳、全生命周期、包容性等新表述。二是细化,例如计算与数据分析能力、工科与社会科学、伦理态度与行为、与利益攸关者的沟通等表述更为精细。三是分列,例如评估工程对人类、社会、经济和环境的影响等分列在相关维度。四是提高,例如对创造性和对新兴技术的适应性、在技术变革背景下进行批判性思考等比以往要求有所提高。

准则修订是认证组织适应工程教育发展的必要活动。由于国际基准框架不宜频繁修改,预计本次修订将对会员组织未来 10 年的工程教育认证产生重要影响:一是对教育理念的影响,可持续发展理念和方法将深度融入工程教育体系;二是对课程体系的影响,特别是如何将新兴技术内容融入课程,以及伦理教育、学生软技能的发展带来新的挑战;三是对教师教学能力的影响,特别是对教师掌握创新性教学方法,将可持续发展融入工科课程提出了更高的要求;四是对工程职业的影响,对工程从业人员的创新性、适应性和终身学习提出了新的要求;五是对专业建设与认证的影响,对专业人才培养能力、认证体系、认证专家都提出了新要求。此外,国际工程联盟国际基准启动后,欧洲工程教育认证网络也启动了标准修订工作。

疫情期间,作为工程教育质量保障的重要手段,工程教育认证和工程师注册制度在国内外发展很快,一些专业机构通过制定统一规范的通用和专业标准、实施工程教育认证和工程师资格认证,为院校工程教育专业建设的持续改进和工程师质量提升提供了强有力的保证。但是,也要看到,我国工程教育认证的潜能还未充分发挥出来,"重通过、轻改进"在专业建设中仍然突出,认证体系实质等效中的国际经验与本土特色相结合问题尚待有效解决,工程师资格获得途径的统一性和权威性仍需提高,这些都是需要在今后努力解决的重要问题。

第四章　国内外工程师资格认证新发展与改革路径

　　工程师资格认证制度是工程师职业发展的关键。新冠疫情使得人们充分认识到工程师终身学习的重要性。本章内容分析美国、日本等国内外工程师资格认证的新发展与改革路径，并提出推动我国工程师资格认证制度改革的建议。

　　工程师在任何国家都肩负着推动工业发展、增进全社会福祉的重要责任。工程师制度是保障工程师经济社会地位、促进工程师持续职业发展的基础。一些发达国家早已经形成了具有各国特色的、相对完善的工程师制度，有力保障了工程师的高质量和国际流动性。工程师制度包括工程教育制度和工程师资格制度两部分，具体质量保障方式体现在工程教育认证和工程师注册两个方面。所谓工程教育与工程师资格的衔接，主要是指教育资格（例如获得学历学位）与工程师资格（例如获得工程师证书）的衔接，工程教育认证与工程师注册的衔接。

　　从工程教育专业认证来看，经过多年的准备和3年的预备成员考察期，2016年我国正式加入《华盛顿协议》这一具有广泛影响力的本科工程教育国际互认协议，为我国工程师的国际流动打下了重要基础。我国工程教育专业认证发展较快，截至2021年底已经有1900多个专业经过了专业认证。从工程师注册来看，我国注册工程师制度发展较为缓慢。除了进入国家职业资格目录的准入类工程师资格外，大部分采用的是职称评审制。由于政府职能转变的需要，人社部于2018年取消了一部分职业资格认证，并对社会评价进行了规定。这种改革的方向无疑是正确的，但是也出现了政策真空。

一、我国的准入类职业资格管理

我国采用国家职业资格目录方式，对准入类职业资格进行管理。例如，人社部等部委通过学历认定、资格考试、专家评审、职业技能鉴定等方式对相关专业技术人员进行考核，通过考核的申请人才能够获得准入资格。截至 2022 年 1 月 14 日，我国列入国家职业资格目录的专业技术人员职业资格 59 项。其中准入类 33 项。而这 33 项准入职业资格中，附件 1 中列出了与工程技术人员有关的职业资格。

以下以注册建筑师和注册土木工程师为例，从法规要求、报考条件、考试科目与内容等方面分析我国注册工程师的要求及特征。

1. 注册建筑师

我国注册建筑师主要分为一级注册建筑师和二级注册建筑师两个级别。注册建筑师由全国注册建筑师管理委员会及省级注册建筑师管理委员会作为实施单位。一、二级注册建筑师二者之间最主要的区别在于执业范围和专业分布。一级注册建筑师在全国范围内通用，但二级建筑师仅在建筑师证书颁发地范围内有效，在跨区就业时需要申请。在专业分布方面，二级建筑师所涵盖的专业范围更加广泛，具体在相近专业描述中有所体现。只有参加了全国统一考试并合格的人才能获得《中华人民共和国一级注册建筑师执业资格证书》，获得该证书之后才能具有向全国注册建筑师管理委员会申请注册成为注册建筑师的资格，最终获得《中华人民共和国一级注册建筑师证书》。而二级建筑师的认定流程与之相似，但需要全国统一考试合格后获得《全国二级注册建筑师职业资格证书》，完成登记注册后获得《中华人民共和国二级注册建筑师证书》。全国统一考试每年 5 月举办一次。

2019 年 4 月，国务院对《中华人民共和国建筑师条例》进行修订，在一级注册建筑师资格考试报名条件中增设了至少保证学士学位的要求，且自 2020 年起正式实施。注册建筑师需要通过考试、满足职业实践要求并且满足相关专业限制，其中既包括传统的建筑学还有其他的相近专业，如：城乡规划、土木工程、风景园林、环境设计等专业。

一级注册建筑师资格考试首次报考人员需满足下列条件[①]：(1) 取得建筑

---

① 注册建筑师资格考试报考条件[EB/OL]. (2022). http://zfcxjst. guizhou. gov. cn/zxfw/ywgz/zcyrygl/bktj/zyzgksbktj/202109/t20210906_69883023. html.

学硕士以上学位或者相近专业工学博士学位,并从事建筑设计或者相关业务2年以上的;(2)取得建筑学学士学位或者相近专业工学硕士学位,并从事建筑设计或者相关业务3年以上的;(3)具有建筑学专业大学本科毕业学历并从事建筑设计或者相关业务5年以上的,或者具有建筑学相近专业大学本科毕业学历并从事建筑设计或者相关业务7年以上的;(4)取得高级工程师技术职称并从事建筑设计或者相关业务3年以上的,或者取得工程师技术职称并从事建筑设计或者相关业务5年以上的;(5)不具有前四项规定的条件,但设计成绩突出,经全国注册建筑师管理委员会认定达到前四项规定的专业水平的。最后三项规定的人员应当取得学士学位;(6)按照一级注册建筑师职业实践标准,申请报考人员应完成不少于700个单元的职业实践训练。报考人员应准备全国注册建筑师管理委员会统一印制或个人下载打印的《一级注册建筑师职业实践登记手册》,以供审查。

二级注册建筑师资格考试首次报考人员需满足下列条件之一:(1)具有建筑学或者相近专业大学本科毕业以上学历,从事建筑设计或者相关业务2年以上的;(2)具有建筑设计技术专业或者相近专业大专毕业以上学历,并从事建筑设计或者相关业务3年以上的;(3)具有建筑设计技术专业4年制中专毕业学历,并从事建筑设计或者相关业务5年以上的;(4)具有建筑设计技术相近专业中专毕业学历,并从事建筑设计或者相关业务7年以上的;(5)取得助理工程师以上技术职称,并从事建筑设计或者相关业务3年以上的。

考试内容方面包含以下科目:设计前期与场地设计(知识);建筑设计(知识);建筑结构;建筑物理与设备;建筑材料与构造;建筑经济、施工及设计业务管理;建筑方案设计(作图);建筑技术设计(作图);场地设计(作图)。从考查层面来看有两项是考查知识层面的掌握情况,有三项是考查作图能力。

2. 注册土木工程师

我国注册土木工程师没有具体等级划分,但是在岩土工程、港口与航道工程、水利水电工程和道路工程四个专业领域进行注册工程师职业资格注册认证。成为注册土木工程师需要参加资格考试,考试成绩合格过后具体由住房城乡建设部、交通运输部、水利部、人力资源社会保障部作为实施单位。以注册土木工程师(岩土)资格考试为例。报考条件如下[①]:

---

①　注册土木工程师(岩土)资格考试[EB/OL]. (2021). http://www.cpta.com.cn/testCondition/484.html.

（1）具备以下条件之一者，可申请参加基础考试：取得本专业（指勘查技术与工程、土木工程、水利水电工程、港口航道与海岸工程专业，下同）或相近专业（指地质勘探、环境工程、工程力学专业，下同）大学本科及以上学历或学位；取得本专业或相近专业大学专科学历，从事岩土工程专业工作满1年；取得其他工科专业大学本科及以上学历或学位，从事岩土工程专业工作满1年。

（2）基础考试合格，并具备以下条件之一者，可申请参加专业考试：取得本专业博士学位，累计从事岩土工程专业工作满2年；或取得相近专业博士学位，累计从事岩土工程专业工作满3年。取得本专业硕士学位，累计从事岩土工程专业工作满3年；或取得相近专业硕士学位，累计从事岩土工程专业工作满4年。取得本专业双学士学位或研究生班毕业，累计从事岩土工程专业工作满4年；或取得相近专业双学士学位或研究生班毕业，累计从事岩土工程专业工作满5年。取得本专业大学本科学历，累计从事岩土工程专业工作满5年；或取得相近专业大学本科学历，累计从事岩土工程专业工作满6年。取得本专业大学专科学历，累计从事岩土工程专业工作满6年；或取得相近专业大学专科学历，累计从事岩土工程专业工作满7年。取得其他工科专业大学本科及以上学历或学位，累计从事岩土工程专业工作满8年。

（3）符合下列条件之一者，可免基础考试，只需参加专业考试：1991年及以前取得本专业硕士及以上学位，累计从事岩土工程专业工作满6年；或取得相近专业硕士及以上学位，累计从事岩土工程专业工作满7年。1991年及以前取得本专业双学士学位或研究生班毕业，累计从事岩土工程专业工作满7年；或取得相近专业双学士学位或研究生班毕业，累计从事岩土工程专业工作满8年。1989年及以前取得本专业大学本科学历，累计从事岩土工程专业工作满8年；或取得相近专业大学本科学历，累计从事岩土工程专业工作满9年。1987年及以前取得本专业大学专科学历，累计从事岩土工程专业工作满9年；或取得相近专业大学专科学历，累计从事岩土工程专业工作满10年。1985年及以前取得其他工科专业大学本科及以上学历或学位，累计从事岩土工程专业工作满12年。1982年及以前取得其他工科专业大学专科及以上学历，累计从事岩土工程专业工作满9年。1977年及以前取得本专业中专学历或1972年及以前取得相近专业中专学历，累计从事岩土工程专业工作满10年。符合上述报考条件者需要参加基础考试和专业考试，只有基础考试合格后才能参加专业考试。基础考试部分题型为客观选择题。

土木工程师(岩土)的基础考试主要考查公共基础和专业课程两大类。所包含的科目如表4-1、表4-2所示。

表4-1 注册土木工程师(岩土)基础考试科目

考试科目数	上午(120道单选)1分/道 共计120分	下午(60道单选)2分/道 共计120分
1	高等数学	工程地质
2	普通物理	土力学与地基基础
3	理论力学	弹性力学结构力学与结构设计
4	材料力学	工程测量
5	流体力学	计算机与数值方法
6	建筑材料	建筑施工与管理
7	电工学	职业法规
8	工程经济	

来源:土木工程师考试

表4-2 注册土木工程师(岩土)专业考试

考试科目数	上午每科一道作业题12分/题 共24分	下午每科一道作业题 8道单选1分/题
1	岩土工程勘察	岩土工程勘察
2	浅基础	浅基础
3	深基础	深基础
4	地基处理	地基处理
5	土工结构、边坡、基坑与地下工程	土工结构、边坡、基坑与地下工程
6	特殊条件下的岩土工程	特殊条件下的岩土工程
7	地震工程	地震工程
8		工程经济与管理

来源:土木工程师考试

专业考试包含《专业知识考试》和《专业案例考试》,其中《专业知识考试》与基础考试的题型一致,《专业案例考试》增设了主观题,需要展示计算过程和图表绘制。在上午的专业考试中,考生将从7项科目中选择4项参加考试,共计48分;下午的考试中,考生需要从8项科目中选择6项进行考试,共计48分。

二、我国的工程师职称评审制度

我国大量的工程师采用的是职称评审制度，这一制度极具中国特色。工程师职称评审有的要通过特定考试，例如要求申请人参加并通过全国专业技术人员职称等级统一考试，获得相应的初级、中级和高级职称；有的则不需要考试，通过评审机构评审即可。在工程师领域内，总体来说分为助理工程师职称（初级）、工程师（中级）和高级工程师职称。从考试模式看来，考试以上机操作为主，一般包含几个模块，1952 年 12 月 31 日（含）以前出生的专业技术人员可以免考。应考人员必须在本年度内在同一考点通过所有规定科目（模块）的考试，获得合格认定后授予证书，否则成绩无效。以中级工程师职称报考条件为例，申请人需要具备以下条件之一：获得博士学位，从事专业技术工作，在职在岗满 6 个月；获得硕士学位，取得助理工程师后，再从事本专业技术工作 2 年以上；获得工程类硕士学位，取得助理工程师职称后，从事本专业技术工作满 1 年。

不同级别的工程师职称评定有一定的要求，申请和流程也有区别，在企业和地域之间存在差异。助理工程师职称主要考查理工类大学学历毕业、实践年限以及社保缴纳年限；工程师职称除考查学历、资历和社保缴纳年限外，还需要满足发表论文的要求以及满足相应的继续教育学时；高级工程师的评定，除上述考查层面外，还要考查在职期间相关业绩，例如是否独立承担过重要项目，并可提供证明材料等。

三、中国科协工程师工程能力评价

中国科学技术协会（以下简称中国科协）是《华盛顿协议》的正式成员，建立了国际实质等效的工程能力评价体系，推动工程师资格国际互认，提高工程技术人才职业化、国际化水平。2021 年 3 月，在中国科协倡导下，由全国学会、地方工程师学会、高校、企业等 82 家单位共同发起成立中国工程师联合体（以下简称联合体）。联合体授权符合条件的中国科协所属全国学会、协会、研究会（以下简称全国学会）承担具体的工程能力评价工作。获得授权的全国学会（以下简称获授权学会）可对其会员开展工程能力评价。

工程能力评价是联合体和获授权学会面向工程技术人才在全国范围内开

展的第三方社会化人才评价工作,该项工作以《工程能力评价通用规范》与有关工程技术领域专业规范为依据,以同行专家评议为基础,综合采用材料审查、笔试、面试等考核方式,突出评价能力和业绩,重点评价工程知识与专业能力、工程伦理与职业道德、团队合作与交流能力、持续发展与终身学习能力、组织领导与项目管理能力等五个方面的能力。

2018 年,《工程能力评价通用规范》(以下简称《通用规范》)首次发布,2021 年在此基础上进行修订,并于 2021 年 10 月 25 日正式实施。《通用规范》明确了评价范围、规范性引用文件、术语和定义、授权与分级、申请条件、评价与注册管理、工程会员行为规范、持续职业发展、再注册管理和监管管理共十项重要内容。

工程师能力评价团体标准的发布,有利于整体提升我国工程技术人才的综合素质,并为国际同行和工程组织的认可奠定基础。目前,该能力评价标准要求适用于土木工程、电气工程、机械工程、铁路工程、核工程、标准化、水利水电工程、信息通信工程、汽车工程、化学化工、地质工程和建筑工程等 12 个工程领域大类。具体通过授权学会来根据申请条件,并按照合格准则对申请人进行评价。在会员注册方面,对标国际工程联盟的《毕业要求和职业胜任力》标准,将会员等级分为见习工程会员、专业工程会员和资深工程会员。以专业工程会员为例,专业工程会员申请人应至少具有 5 年相关工作经历,并且至少包含两年重要工程工作经历。专业工程会员素质能力的具体要求如表 4-3 所示。

表 4-3　专业工程会员素质能力要求

素质能力	要求
A 工程知识与专业能力	A1 具有相关专业工程教育背景,接受过工程基础和专业知识学习以及专业技能训练
	A2 能够熟练运用数学、自然科学、工程基础和专业知识以及专业技能解决问题
	A3 具备收集、分析、判断国内外相关技术信息的能力,能够进行复杂工程问题的研究,提出开发方向、思路及解决方案
	A4 具备市场调研、需求预测和技术经济分析能力,能够制定、实施工程项目计划,并评估其效果和影响
	A5 具备系统思维和创新思维能力,能够提出创新方案

素质能力	要求
B 工程伦理与职业道德	B1 能够在工程实践中遵守法律法规、技术规范、行为准则
	B2 具有人文社会科学素养、社会责任感,能够在工程实践中理解并遵守工程职业道德和规范,履行责任
	B3 具有本专业质量、安全、节能、环保、知识产权保护意识,能够正确运用专业知识保证工程和自然、社会的和谐发展
C 团队合作与交流能力	C1 能够熟练使用工程语言制定工程文件,并与同行交流
	C2 具有团队合作精神和良好的人际交往关系,能够自我控制并理解他人意愿
	C3 具备跨文化沟通能力,能够进行国际交流与合作
D 持续发展与终身学习能力	D1 制定并实施自身职业发展规划,能够积极参与持续职业发展活动
	D2 主动跟踪本专业国内外技术发展趋势,能够不断掌握新知识、新技能并应用于工程实践中
E 组织领导与管理能力	E1 具备组建和管理团队能力,能够领导团队并帮助团队成员成长
	E2 具备项目监控和过程管理能力,能够进行风险预判并提出风险规避预案,通过质量管理实现工程项目的持续改进
	E3 具备综合分析、判断能力,能够在工程项目实施过程中展现良好的判断力
	E4 能够提出决策意见,并对所作出的决定负责任

来源:工程能力评价通用规范团体标准(2021 版)

从中国工程师联合体工程能力评价流程来看,现阶段的工程学会会员申请,主要授权工程师联合体成员学会、协会和研究会进行认定。中国工程师联合体所发挥的作用,主要在监督和签发工程会员证书等(见图 4-1)。作为在全国范围内开展的第三方社会化人才评价工作,工程能力评价主要在同行专家评议的基础上,通过材料审查、笔试、面试等考查方式来对工程技术人才的五方面能力进行审查,即工程知识与专业能力、工程伦理与职业道德、团队合作与交流能力、持续发展与终身学习能力、组织领导与项目管理能力。

在此基础上,工程技术领域的授权学会正式会员可以提出工程会员申请,根据不同要求工程会员的级别为见习工程会员、专业工程会员、资深工程会员(见图 4-2)。

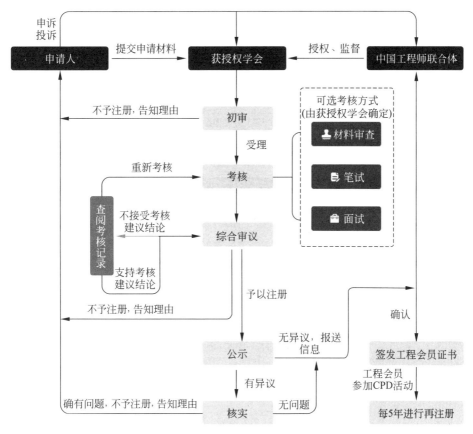

图 4-1 中国工程师联合体工程能力评价流程

图片来源：中国工程师联合体官网

例如，机械工程学会包含个人会员与单位会员。其中个人会员包含学生会员、普通会员和高级会员。学生会员入会条件为就读于机械工程或相关专业的本科二年级以上的大学生或硕士研究生；普通会员的入会条件为在读博士研究生或者在机械工程及相关领域从事科研、设计、制造、教学、管理、服务工作的专业技术人员，以及热心机械工程科学普及的科技工作者。学生会员毕业参加工作后，可直接转为普通会员；高级会员入会条件为具备高级职称及以上的专业技术资格，或取得博士学位且从事机械工程相关工作3年以上，并且具有较高学术水平或丰富实践经验，取得一定的工作业绩的专业人士。满足以下条件之一者，可不受职称及工作年限限制：荣获国家级、省部级或本会设立的科技奖项的人员；担任过本会理事或下设分支机构委员，或省、自治区、

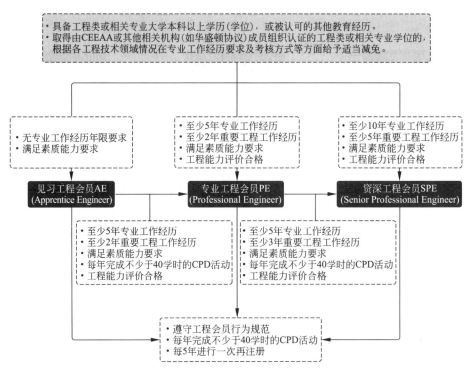

图 4-2 中国工程师联合体工程会员注册分级与各级别申请条件

来源:中国工程师联合体官网

直辖市机械工程学会理事或下设分支机构的委员;本会青年人才托举项目入选者;对本会工作有重要贡献者。

总体上,我国工程师资格制度具有以下特点:

第一,职业资格和职称评审双轨并存,尚未建立起统一完善的注册工程师制度。其中,准入类工程师职业资格法律位阶较低,缺乏统一的工程师法进行约束。将准入类工程师的职业资格有相关行政法规作为依据,主要采用部委的"暂行规定"和"管理办法"进行约束。从数量上看,工程师职称评审是获取工程师头衔的主要途径,职称评审统一规范性较弱,主要由有权评审单位制定规则。

第二,工程教育认证与工程师资格尚未形成有效衔接机制。我国现有的注册工程师管理主要与工程专业领域、学历学位层次关联,并无明确的工程教育认证要求。虽然我国已成为《华盛顿协议》成员多年,有 1900 多个工科专业经过了中国工程教育专业认证协会的认证,但是在准入类职业资格管理和职称评审中,很少对认证专业的毕业生有专门规定。现阶段,通过认证通常是院校自我改进和对外宣传的手段,并未对毕业生获得工程师资格产生实质影响。

第三,**存在申请人学历越高实践年限要求越短的现象**。根据报考条件分析,申请者学历越高对实践的要求年限通常越短。这种现象带有"唯学历论"的印记,是不正常的。事实上,对于大多数国家的工程师注册体系,通常只规定门槛学历(学位),一般要有学士学位。但学历高低不能代表工程经验的高低。因此,很多国际组织和国家工程师机构在考核工程师时均明确工程经验要求,而不是使用学历对工程经验进行替代。

第四,**工程师资格认证正在进行新旧体系的过渡**。由于历史原因,我国的工程技术人员职业资格制度近年来快速发展,但是工程技术人员的资格存量庞大,大量"以评代考""新人新办法,老人老办法"的现象还将持续一段时间。为进一步加强工程师职称评审制度,2019年人力资源社会保障部、工业和信息化部印发《关于深化工程技术人才职称制度改革的指导意见》(人社部发〔2019〕16号),提出实现职称制度与职业资格制度有效衔接。这一方面反映了改革愿望,但是也反映了在政策上,工程师的职称评审制度仍将长期保留。

四、美国的工程师考试与注册制度

美国采用注册工程师制度,目的是通过注册(registration)保障工程技术人才的职业标准。美国是联邦制国家,工程师注册由各州工程师注册局负责。美国工程与测量考试委员会(National Council of Examiners for Engineering and Surveying, NCEES)由各州注册局组成,负责工程师和测量师的考核。NCEES在其愿景使命陈述中,明确表明实施注册工程师制度对人类健康、安全及公共福祉发展的重要作用。

在美国成为注册工程师,申请者需满足三大要求:教育要求、工作经验要求和考试要求。其中,教育要求强调申请者获得学士学位的项目必须是通过ABET认证的工程专业。工作经验要求强调申请者在获得工程专业学士学位后,需要积累4年或以上的工程类相关工作经验。考试要求强调申请者要通过NCEES组织的工程基础考试(fundamental exam, FE)。这类考试通常在申请者大学毕业前后举办,通过FE考试的申请者,均被视为实习工程师(engineer in practice)。实习工程师具有从事一些工程业务,但非独立执业的资格。实习工程师需要积累至少四年的工程相关实际工作经验,并再次通过

NCEES 组织的工程原理与工程实践考试(Principles and Practice of Engineering Exam,PE)。申请者满足上述教育、经验、考试三个方面的要求,才能获得工程师资格。

在过去的几十年里,工程教育认证与工程师注册进入了良性循环。从 ABET 的工程认证委员会(EAC)认证通过的专业毕业生,通常能顺利通过 NCEES 的工程基础考试,这也是对其过去所受工程教育的肯定。

(一) FE 考试的形式

根据 NCEES 官网资料,工程基础考试是毕业于 EAC/ABET 认证过的专业毕业生成为职业工程师道路上的第一个门槛。这项考试一般允许学生在毕业后 12 个月内,或临近毕业时参加。所有科目的工程基础考试均采用集中机考方式。考试包含 110 道选择题,考试总时长为 6 小时,包括:2 分钟签订保密协议,8 分钟的演示教学,5 小时 20 分钟的实际答题实践和 25 分钟的休息时间。通过 NCEES 官网的 MyNCEES 注册该考试,缴纳一定的费用后,即可预定考试席位。新冠疫情期间,考生也需要在保证社交距离的前提下参加考试。NCEES 规定,无论所在考点城市或地区是否要求严格佩戴口罩,学生都必须在考试过程中全程佩戴口罩。

(二) FE 考试的学科范畴

FE 考试的具体学科包括:化工类(chemical)、土木类(civil)、电气与计算机类(electrical and computer)、环境类(environmental)、工业与系统类(industrial and systems)、机械类(mechanical)和其他学科(other disciplines)等七大门类。其中,其他学科中的考生主要来自下列专业项目:农业(agricultural)、建筑(architectural)、生物医学(bio-medical)、生物非生物医学(biological not bio-medical)、通用工程(general engineer)、材料(materials)、矿业/矿物(mining/mineral)、海军建筑与海事(navalarchitecture and marine)、核能(nuclear)、海洋(ocean)、石油(petroleum)等。考生根据自己所学专业对应进入相关考试网站。七大学科对应的 FE 考试会给出具体的考查范围和大致题目数量。

(三) 建筑类和土木类考试实例

不同于土木类和机械类考试有专门的大类,建筑类考试归属于其他学科的分类之中。官网其他门类 FE 考试内容显示，建筑类 FE 考生，度量单位既使用国际通用单位（International System，SI）又使用美国惯用单位（US Customary System，USCS）。建筑类 FE 考试在学科知识范畴方面主要考查的知识点包括十四个方面，见表 4-4。

表 4-4　建筑类 FE 考试学科知识范畴考查知识点

考试知识点	考试题目占比/%
数学（mathematics）	7~11
概率与统计（probability and statistics）	5~8
化学（chemistry）	4~7
仪表与控制（instrumentation and controls）	4~5
工程伦理与社会影响（engineering ethics and societal impacts）	4~7
安全健康与环境（safety，health and environment）	5~8
工程经济（engineering economics）	5~8
静力学（statics）	8~13
动力学（dynamics）	8~13
材料力学（strength of material）	8~13
材料（materials）	5~8
流体力学（Fluid Mechanics）	11~16
基本电气工程（Basic Electrical Engineering）	5~8
热力学与热传导（Thermodynamics and Heat Transfer）	8~13

来源：数据来自 NCEES 官网，国际工程教育中心制

面向建筑类 FE 考生的考试属于第七个大门类中的其他学科门类，而这一门类所属专业项目，仍然取决于考生最终获得的学位。

土木类 FE 考试的知识考查范围如表 4-5 所示：

表 4-5　土木类考试学科知识范畴考查知识点

考试知识点	考试题目占比/%
数学与统计（mathematics and statistics）	7~11
伦理与专业实践（ethics and professional practice）	4~5
工程经济（engineering economics）	5~7
静力学（statics）	7~11

考试知识点	考试题目占比/%
动力学(dynamics)	4~5
材料力学(mechanics of materials)	6~10
材料(materials)	5~7
流体力学(fluid mechanics)	5~8
土地测量(surveying)	5~8
水利与环境工程(water resources and environmental engineering)	9~14
结构工程(structural engineering)	9~14
岩土工程(geotechnical engineering)	9~14
交通运输工程(transportation engineering)	8~13
建筑工程(construction engineering)	7~11

来源:数据来自 NCEES 官网,国际工程教育中心制

　　从上述不同学科门类 FE 考试的考查范围来看,FE 考试主要考查考生在本科阶段所学的各类理论知识内容,并在专业方向上有所侧重。通过 FE 考试的考生即成为实习工程师(engineer in practice,EIP),相当于获得成为职业工程师的入场券,只有通过了 FE 考试获得 EIP 称号才能合法地进行工程领域的实践。此后的训练过程是准工程师积累经验与声誉的过程,为未来的工程领域正式执业打下坚实基础。实习工程师可真正进入工程领域,获得富有经验、较为成熟的工程师的指导,成为工程共同体中的一员。

　　实习工程师需要累积不少于 4 年的实践经验。美国规定,实习工程师必须在与本人专业相同的领域开展工程实践活动。在其积累充分的实践经验后,对工程原理有更深刻的认识,可以参加工程实践与原理考试(Principals And Practice of Engineeriing Exam,PE exam)。以建筑类 PE 考试为例,建筑类 PE 考试形式为 8 小时开卷考试。考试分为上午阶段和下午阶段,两阶段考试分别包含 40 道选择题。考试采用美国通用体系(US Customary System,USCS),具体内容分为:楼宇系统集成约 12 题、电气系统约 22 题、机械系统约 22 题、结构系统约 16 题和项目管理与施工管理约 8 题,如图 4-3 所示。

　　根据 NCEES 官网 2021 年发布的年度报告显示,疫情期间参加考试的人数大幅度增加。2021 年参加 FE 考试人员比 2020 年增加 27%,共有 48746 人;

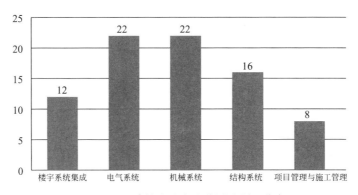

图 4-3 PE 建筑考试考查范围及题目分布

参加 PE 考试人员增加了 78%，共有 31078 人，而这一数字在 2019—2020 年度仅为 17476 人。疫情期间，集中机考改为线上与线下相结合的方式，具体由美国各州根据疫情情况确定。之前，NCEES 也做过线下考试改为线上的尝试，并在 2010 年做了试验。2014 年起 FE 考试开始正式采用机考，2018 年化学与核相关的 PE 考试也试点采用了机考形式，2019 年起石油工程和环境工程相关的 PE 考试开始采用机考的形式，新冠疫情暴发后，更多 PE 考试转为线上。

五、美国、日本、英国工程教育认证与工程师资格的衔接路径

（一）美国工程教育认证和工程师资格认证衔接路径

美国工程师资格认证包括教育、工作经验、考试三大要素。毕业生在通过 EAC/ABET 认证工程教育专业认证的前提下，即将毕业时通过 NCEES 在各州组织的工程基础 FE 考试并成为实习工程师。实习工程师满足积累 4 年相关工程类工作经验的条件下，参加并通过 NCEES 组织的工程实践与原理 PE 考试，最终成为注册职业工程师。此后，注册职业工程师仍需参加工程师的继续教育。美国工程教育认证与工程师资格认证衔接路径（见图 4-4）。美国工程实践与原理考试包括农业与生物工程、建筑、化工、土木工程、控制系统工程、电子电气工程、环境工程、消防、工业系统、机械工程、冶金与材料工程、采矿与矿物加工、海军建筑与海洋工程、核工程、石油工程和结构工程等 16 个工程领

域,开设相应的 PE 考试。让想成为工程师的工科毕业生有相应的工程师实践
与原理考试,也可以形成有效衔接。

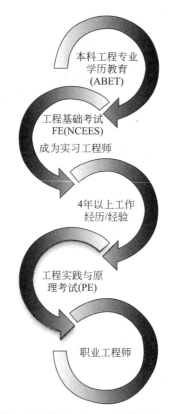

图 4-4　美国工程教育认证与工程师资格认证衔接路径

来源:国际工程教育中心制

(二) 日本工程教育认证和工程师资格认证衔接路径

日本工程教育认证与工程师资格认证与美国工程师资格认证衔接路径相
似(见图 4-5)。经日本技术教育鉴定机构(JABEE)认证过的工程专业项目毕
业生可以免考第一次工程考试而直接成为实习技术者(实习工程师)。实习工
程师积累 4~7 年的工程相关工作经验后可参加第二次考试,通过后将成为注
册职业工程师。毕业于非认证工程专业项目的毕业生需要经历两次考试,并
且在注册成为候补技术士之后才能参加第二次考试,并有机会成为职业工程
师。以考试的形式遴选符合要求、具有相关理论知识和工程实践能力的工程
师人才,也是各个国家采取的有效举措。

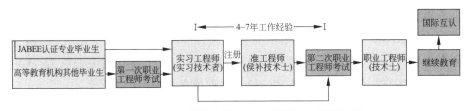

图 4-5　日本工程教育认证与工程师资格认证路径

来源：ICEE 重绘，原始图见 https://jabee.org/en/about_jabee/gijutsushi

（三）英国工程教育认证与工程师资格认证衔接路径

英国工程教育认证与工程师资格认证考虑了学位层次。在英国工程委员会的协调下，被授权学会结合 UK-SPEC 工程职业能力标准文件来具体实施认证工作。其中，特许工程师是英国四类工程师职业资格中的最高级别。成为特许工程师最直接的方式是通过认证过的工程硕士学位满足教育要求，经过持续专业发展获得相关工作经验，经过至少 3 次的同行评议，最终获得认证，如图 4-6 所示。

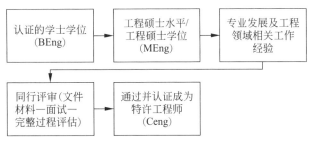

图 4-6　英国工程教育认证与工程师资格认证衔接路径

来源：国际工程教育中心制

六、我国工程教育与工程师资格认证的衔接路径设计

工程教育标准是工程师资格认证的前提。工程教育认证与工程师资格的衔接关系是指从工程专业学习到工程师职业的连续性关系，二者的衔接体现了院校工程教育与继续工程教育的关系，是由现代工程师的职业发展特点决定的。通过上述分析可以发现，工程专业人员的职业发展具有阶段性的持续过程①：

---

① 乔伟峰，王孙禺.北京工程师学会《工程师资格国际互认标准研究报告》，2019.

第一阶段,毕业生阶段,即获得被认可的教育资格。随着工程领域的知识专门化越来越高,未经院校工程教育训练在当今很难成为工程师。工程教育的根本目的是建立工科学生的知识基础,并通过专门训练获得专业能力,从而为从事工程职业奠定基础。这一阶段可以称为在校学习的阶段。

第二阶段,形成性发展阶段。形成性发展的基本目的是:在教育基础上,培养毕业生独立进行工程实践所需的能力。从最初的助理角色到承担更多的个人和团队责任,随后达到注册工程师所需的水平,并通过实践证明自己有能力能够成为一名合格的工程师。这一阶段通常要有其他工程师帮助进行有指导的训练,可以称为跟着练的阶段。

第三阶段,专业性发展阶段。成为工程师后,需要能够独立承担工程任务,其职业能力必须保持、更新、提升和扩展,其中一部分工程师可能继续成长为能够带领团队工作的优秀工程师。因此,这个阶段可以称为独立干的阶段。

在校学、跟着练和独立干是一个工程师成长的连贯阶段,三个阶段都很重要。一部分青年工程师容易在第二阶段离开工程职业。青年工程师流失的原因很多,包括个人职业兴趣、产业发展情况等,也与工程师制度安排有关,如果这个体系不能吸引青年人留在工程职业通道(engineering pipeline)上并实现职业发展进阶,无疑是一个国家的巨大损失。

当前,我国工程技术人员职业资格与职称制度双轨并存,工程师这一职业的法定性和权威性面临很大挑战。我国拥有世界上规模最大的工程技术人员队伍,迫切需要建立起与中国工业大国和强国地位相匹配的现代工程师制度。

我国未来工程师制度改革需要考虑以下问题:

国内衔接问题。考虑工程教育认证与工程师资格认证的内在关系,以及中国工程师制度的实际情况,需要进一步从标准体系和质量保障方面,强化与我国工程教育认证协会的工程教育认证通用标准体系相衔接,与主要行业现有的工程师能力基本要求相衔接,与中国科协工程能力评价标准相衔接。要做到国内衔接,需将标准范围限定在通用标准,专业标准由行业领域制定。同时,需要考虑职业资格制度与职称制度并存的现状,既要积极推动改革,也要考虑现有职称制度存在的历史原因与改革难度。特别是,职称制度与工程师个人待遇紧密关联,要考虑职称体系下庞大的工程师规模存量。

国际等效问题。中国作为世界工业强国,从现在起就应考虑为更大规模的中国工程师国际流动做准备。当前的工程师资格国际互认,以工程教育的学历互认为基础。从典型的国际组织和国家工程教育认证组织的实践来看，大多强调工程教育的成果导向（或胜任力导向），以学习者为中心，持续改进。在标准和实践上，我国工程教育认证需要进一步推动国际等效标准的实施，积极稳妥地扩大认证专业规模，引导工程专业建设。并在立足本土特色、强化立德树人的同时，加强本土化与最佳实践的国际转化，不断提升影响力。

持续职业发展问题。工程师个体发展经历着毕业生阶段、形成性阶段、发展性阶段的生命周期，工程师资格认证需要符合教育要求、经验要求和考核要求。工程职业的特点决定了工程师成长机制和职业发展需要团体支持。工程师团体应能为工程师的终身学习、提升胜任力以及职业生涯发展提供支持，包括学习资源、交流机会、专家网络、权益维护等。工程师的持续职业发展（CPD）与一般的继续教育不完全相同。CPD 是建立在职业胜任力标准下的实践活动，继续工程教育活动不一定是在标准基础上的；CPD 是职业资格维持的必备条件，继续工程教育学时要求并不都是强制性的；CPD 通常是由专业团体制定标准，继续工程教育要求多由从业人员所在机构确定；CPD 的实质等效是互认的重要基础，继续工程教育通常不具有这一功能。

法定性与专业性问题。结合我国国情，借鉴工业强国经验，现代工程师制度的根本特点是法定性与专业性。所谓法定性，是指工程师的法律地位、工程师的资格认定和执业注册、工程师教育和工程师职业发展的责任、权力、利益关系应由法律调整。所谓专业性，是指工程师职业是知识能力专业化程度高、对经济社会发展影响大的专门职业，工程师的评价考核和资格认定应主要由工程专业组织依照权威的专业标准进行。

考虑到上述问题的解决需要长期努力，项目组建议我国工程师制度改革从实践推动和立法推动两方面着手。在实践方面，一是逐步强化职业资格制度中的持续职业发展，加强已获得资格人员的终身学习支持，同时加大执业监督和职业资格有效性的审核力度，确保职业资格的高含金量。二是对于增量的职称评审，逐步提升权威性和标准化，逐步淡化单位评价，逐步实施专项工程团体评价，发挥工程行业学会在工程师评价中的作用。同时，进一步推动考评分离、评聘分离，提高考核评价的社会公信力。三是加快国际等效标准的建立和实施，加快推动我国加入国际工程联盟工程师双边和多边互认协议。同时，这部分人员的规模不宜过大，要考虑国际协议成员的潜在阻力，关键在于要充分体现出中国工程师的高质量以及质量保障体系的等效性。

在立法方面,由于事关全局,可能需要长期不懈的努力,重点是在实践基础上,明确我国工程师制度改革的目标任务,通过人大、政协代表、中国科协及所属全国学会、中国工程院、高等学校、行业企业等多方持续呼吁。工程师法需要重点解决工程师的法律地位,政产学体系在工程师教育和发展中的责任、权力、利益关系,建立统一的工程师考试机构,明确工程师注册机制等。

实施工程师制度改革的最终目标是建立以工程胜任力为导向的培养体系、以工程专业学会为主的工程师评价考核体系、政产学协同的工程师持续职业发展体系。我国工程师制度改革路径如图 4-7 所示。

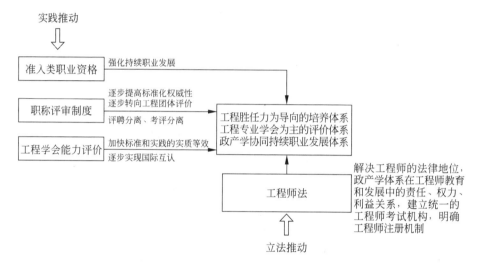

图 4-7　我国工程师制度改革路径

来源:国际工程教育中心制

第五章 国际工程教育组织的合作趋势

本章内容分析新冠疫情之下工程教育组织的国际合作状况,并以国际工程教育中心为例,总结我国参与全球工程教育合作的主要方式,并在此基础上,分析新冠疫情之后的国际工程教育的合作趋势,发现扩大工程和工程教育领域的跨区域合作是一个标志性趋势。

一、工程教育组织的国际合作

(一) IEA 成立联合专家组修订《毕业要求和职业胜任力》标准

国际工程联盟(IEA)与世界工程组织联合会(WFEO)邀请 ICEE 等国际组织,于 2019 年 11 月成立联合专家组,修订 IEA《毕业要求和职业胜任力》标准(2013)。该标准是最有影响力的工程教育国际基准,是三十多个国家和地区工程教育互认和工程师资格互认的基础。

本次修订工作持续了 3 年,是 IEA 在新冠疫情期间完成的重点工作之一。专家组通过多轮调查和反复讨论,确定修订中重点关注的 6 个方面,包括:适应未来工程职业的要求;适应新兴技术发展的要求;适应新兴和未来工程学科与工程实践的要求;回应联合国可持续目标的要求;回应多样性和包容性的要求;回应灵活性、创造性和创新型的要求。

2022 年 6—7 月,国际工程联盟以网络会议的方式召开了国际工程联盟会议(IEAM2022),会议内容涉及 7 个国际协议以及国际工程联盟小组会议和大会。

新冠疫情之后,国际工程联盟的重点工作和会议内容,如表 5-1 所示。

表 5-1 2019—2022 年国际工程联盟的重点工作及会议

序号	开展形式	活动主题	召开时间	主要内容	主题归纳
1	工作组会议	重新修订《毕业要求和职业胜任力》	2019—2021 年	适应未来工程职业的要求 新兴技术发展的要求 适应新兴和未来工程学科与实践的要求 回应 UNESCO 可持续发展目标的要求 回应多样性和包容性的要求 回应灵活性、创造性和创新型的要求	GAPC 未来工程 新兴技术 多样性 包容性 创造创新
2	网络会议	国际工程联盟会议2022(IEAM2022)	2022 年6—7 月	IEA 小组会议 APEC/IPEA 会议 华盛顿协议会议 悉尼协议会议 都柏林协议会议 IETA/AIET 会议 IEA 大会	内部会议

来源:国际工程联盟官网,国际工程教育中心收集整理

(二) WFEO 打造国际化特色品牌活动扩张朋友圈

2019 年 11 月,中国科学技术协会荣誉委员、南开大学原校长龚克正式就任 WFEO 主席。新冠疫情在全球暴发后,WFEO 在世界平台的显现度逐年增高,中国的话语权得以体现。

WFEO 是工程界的国际声音,被联合国认为是领先科学和技术方面的非政府组织,代表着近 100 个国家和约 3000 万位工程师。该组织与联合国教科文组织、经合组织、世界银行、其他科学与工程领域的国际组织以及多个机构

密切合作,致力于解决关键的全球问题,特别是通过工程努力实现联合国可持续发展目标。

新冠疫情出现后,WFEO 持续打造多项品牌活动,例如"世界工程日"系列庆祝活动,积极参与工程共同体发声及国际事务;建立 COVID-19 门户网站,为世界战胜新冠疫情做出贡献;支持工程与可持续发展目标,深度参与可持续发展理念及工程相关的活动;推动 UNESCO 工程报告,与 ICEE 一起推动工程报告的写作和发布工作;组建 IEA-WFEO 工作小组,开展《毕业要求和职业胜任力》标准修订工作;推动工程多样性和包容性,通过行动和奖励支持女性和年轻工程师发展;支持科学和技术团体,组织和参加高级别论坛,在新冠疫情、气候变化、工程伦理等领域频繁发声,增强活跃度,扩大朋友圈,提升中国话语权。2019—2022 年 WFEO 组织的重点活动及会议,如表 5-2 所示。

表 5-2 2019—2022 年 WFEO 重点活动及会议

序号	开展形式	活动主题	召开时间	主要内容	主题归纳
1	多种形式	世界工程日系列活动	每年 3 月(2020—2022 年)	黑客马拉松 24 小时直播	世界工程日
2	建设网站	建设 COVID-19 信息门户网站	2020 年至今	设立工程、COVID-19 相关的工程师、WFEO 成员行动、人工智能和大数据解决方案、医疗反应、知识中心等模块	COVID-19 工程
3	网络研讨会	可持续发展问题高级政治论坛 HLPF 2020	2020 年 7 月	如何在城郊和城市环境中利用科学技术的杠杆来推动可持续发展:实施案例	可持续发展科学技术
4	网络研讨会	关于国际标准 ISO 37000 草案的网络研讨会——组织治理	2020 年 7 月	国际标准 ISO 37000 草案的组织治理	国际标准 ISO 37000 草案

续表

序号	开展形式	活动主题	召开时间	主要内容	主题归纳
5	网络研讨会	关于提议更新IEA《毕业要求和职业胜任力》	2020年7月	审查当前的IEA《毕业要求和职业胜任力》框架,以确保反映当代价值观和雇主需求,并让未来的工程师/技术专家/技术人员能够融入推进联合国可持续目标的实践	IEA《毕业要求和职业胜任力》框架 可持续发展 未来工程师
6	青年工程师/未来领袖系列网络研讨会	未来工程:年轻工程师的弹性和可持续发展	2020年7月	探讨工程及其在弹性和可持续发展社会中不可或缺的作用。COVID-19大流行暴露了社会、经济和环境的不平等和脆弱。确保实现2030年议程(可持续发展目标)的先决条件	未来工程 年轻工程师 COVID-19 可持续发展目标
7	网络研讨会	多元化和包容性网络研讨会	2020年7月	由WFEO工程女性委员会、国际女工程师和科学家组织(INWES)组织,概述GAPC框架的审查结果,并解释多样性和包容性的关键变化	多元化 包容性 女性工程师
8	网络会议	WFEO执行委员会会议	2020年10月	WFEO执行委员会内部会议	WFEO内部会议
9	大型会议	2022年世界工程峰会WES2022	2022年3月	创新+技术+可持续发展=2050工程	技术、创新 可持续发展

续表

序号	开展形式	活动主题	召开时间	主要内容	主题归纳
10	颁奖典礼	WFEO 颁奖典礼	2022 年 4 月	WFEO 格力女工程师奖；WFEO 卓越工程奖；WFEO 卓越工程教育奖	工程奖女工程师工程教育
11	大型会议	2023 年世界工程师大会	2023 年 10 月	工程为人生突破；技术和能力；关注联合国可持续发展目标的发展	工程技术能力可持续发展目标

来源:世界工程组织联合会官网,国际工程教育中心整理

为了抗击新冠疫情,WFEO 开展了多项与疫情相关的工作,包括召开主题会议、活动、建设网站等,号召各界一起应对新冠疫情,探讨疫情之后的巨大变化以及工程界面临的机遇和挑战,并提供切实可行的建议和方案。

COVID-19 门户网站是 WFEO 抗击新冠疫情最具代表性的工作之一。WFEO 认为新冠疫情的暴发表明人类面临不断变化的全球挑战,工程师必须发挥关键作用。WFEO 借助 COVID-19 门户网站的新闻媒体、WFEO 成员行动、人工智能和大数据解决方案、医疗反应和知识中心等模块,为各界提供新闻及信息,强调工程和新兴技术在抗击新冠疫情方面的重要性,并鼓励成员之间达成团结倡议。

(三) IFEES 利用定期网络研讨会密切合作关系

国际工程教育联合会(IFEES)已经与全球 30 多个国家和地区的 85 个工程教育利益相关者建立合作关系,经常通过论坛、网络研讨会、倡议、联合出版等形式开展活动,希望通过集体的力量推动工程教育。

世界工程教育论坛由 IFEES 与 GEDC 联合举办,是工程教育界的重量级会议,对全球工程教育发展具有促进作用。网络研讨会是 IFEES 举办的常规性会议,主题根据 IFEES 的关注点和活动而变化,包括:女性工程师、多样性和包容性、可持续发展、STEM 教育等。此外,IFEES 还围绕能力建设以及和平工程这两大重要倡议开展多种形式的活动。

新冠疫情之后,IFEES 多以线上形式召开研讨会和举办活动。与新冠疫

情相关的议题是其活动和会议的重要组成部分,包括新冠疫情对非洲的影响,疫情后学习方式的变化,数字化趋势以及如何应对疫情之后的新机遇和新挑战等。IFEES 不仅号召工程界、教育界参与活动和会议,还号召企业积极加入进来,共同探讨和解决全球面临的新问题,详见表5-3所示。

表5-3 2019—2022 年 IFEES 重点活动及会议

序号	开展形式	活动主题	召开时间	主要内容	主题归纳
1	网络研讨会	COVID-19 后非洲的健康、福祉和 ECHO 和平工程	2020 年 9 月	Peace Engineering 致力于营造一个繁荣、可持续发展、社会公平、具有企业家精神、高透明度、社区参与、道德和质量文化蓬勃发展的世界。工程师有能力在创造性的解决方案中发挥至关重要的作用,这些方案可以从根本上改变人类与其他生命系统的福祉。希望所有现有学科,不仅是工程学,还包括应对全球挑战而创造的新学科,都具有一种全新的思维方式	非洲和平工程工程师创新学科
2	网络研讨会	安全技能:打造一个更安全的世界	2021 年 2 月	安全是所有工程努力的一个关键方面,新兴经济体的人口增长正在推动关键基础设施的巨大投资,然而,对跨国组织和临时非国内劳动力的依赖加剧了技能差距,同时限制了安全运营和维护此类基础设施的能力	工程技能安全工程教育
3	网络研讨会	让工程专业学生做好就业准备	2021 年 2 月	如何让学生免费获得世界一流机构的顶级课程和在线学习机会。在 Coursera 平台上发现最受欢迎的工程课程,并了解如何确保学生为不同职业做好就业准备	通过顶级课程的在线学习确保学生为就业做好准备

续表

序号	开展形式	活动主题	召开时间	主要内容	主题归纳
4	网络研讨会	搭建教学和研究平台	2021年3月	过去30多年来,Quanser在现代工程创新教学和研究解决方案方面成为行业领导者。Quanser将使用智能机器人的新型QArm机械手系统作为创建物理系统、教学和研究资源以及虚拟平台的案例研究	大数据与人工智能在工程教育课程与教学中的应用
5	网络研讨会	工程教育学正在向"教育4.0"迈进	2021年4月	塔蒂安娜·波利亚科娃介绍了她对工程教育学当前主要目标的看法,描述了在寻找基本教育学问题答案时应考虑的因素,以及搜索比以前更具挑战性的原因	挑战性工程教育学
6	会议	利用教育中的多样性和伦理,实现包容和可持续的世界	2021年11月	工程和工程教育中的女性 工程教育中的心理健康 和平工程 伦理挑战与工程教育 多样性、性别、身份和多元文化教育 流动性:虚拟、项目和实习 未来工程师的毕业要求 加强发展中国家的工程教育 K-12 STEM教育倡议 以学生为中心的学习环境 工程教育学生组织 国际研究与学生 团队合作和指导 进步、保留、磨合和坚持 工作场所的多元文化以及多样性 可持续性和可持续发展目标 在线和混合学习	多样性 工程伦理 包容性 可持续发展 STEM教育 女性 和平工程 工程教育 多元化 可持续发展目标 在线学习 混合学习 气候变化、人工智能 数字化 机器学习 游戏化 数据 终身学习 虚拟

续表

序号	开展形式	活动主题	召开时间	主要内容	主题归纳
6	会议	利用教育中的多样性和伦理，实现包容和可持续的世界	2021年11月	工程教育的未来 教学学术 工程教育工作者的发展 让本科生参与研究 气候变化与工程教育 掌握数字化、人工智能和机器学习 基于游戏的学习与工程教育游戏化 工程教育中的实验室概念 数据驱动的工程教育 自动化技术与机器安全 行业技能的未来 变化世界中的终身学习 大学和行业/机构的联系 虚拟和分布式劳动力 大学基金会 虚拟环境下的工学结合	多样性 工程伦理 包容性 可持续发展 STEM教育 女性 和平工程 工程教育 多元化 可持续发展目标 在线学习 混合学习 气候变化、人工智能 数字化 机器学习 游戏化 数据 终身学习 虚拟
7	网络研讨会	工程界的女性：挑战与前景	2022年4月	女性与工程项目 从失业者到创业者 促进教育技术课程的经验 工科学生的观点和挑战 工程师与Or DEM成员	女性 工程师 教育技术 工科学生
8	网络研讨会	书本之外：打破性别偏见	2022年4月	在成功登顶系列丛书的基础上，IFEES和GEDC每月创建一个虚拟空间，供作者和其他年轻女性工程师讨论个人旅程和经历	性别偏见

序号	开展形式	活动主题	召开时间	主要内容	主题归纳
9	会议	世界工程教育论坛WEEF-GEDC2022适应全球颠覆：通过综合、整体和可持续的工程应对挑战	2022年11月	过去两年加速了全球现实，因为Covid-19大流行已将我们牢牢地置于全球混乱的状态。如何适应全球颠覆？如何创造不易受伤害、能抵御全球破坏的稳定环境？如何应对在可预见未来的全球颠覆性挑战？	多学科跨机构跨文化包容多样化信任和道德

来源：国际工程教育联合会官网，国际工程教育中心整理

（四）IEEE 多元化议题促进工程教育领域合作

国际电气工程师学会（IEEE）是代表电气和电子工程师的全球性组织，倡导多元化、公平性和包容性，致力于推动创新和卓越技术以及造福人类。目前，IEEE在全球160个国家拥有约40万名会员。IEEE通过组织会议及活动、制定技术标准、出版物等与相关机构、人员开展合作，拥有39个技术协会和7个技术委员会，出版约200种期刊，拥有1000余个标准，每年举办超过10000场本地会议和活动，为开展国际合作打下了坚实的基础。

IEEE举行的会议及活动涉及不同技术专业、个人、文化、学科，不分种族、宗教、性别、年龄，将包容和公平的思想渗透其中。新冠疫情暴发之后，IEEE和工程、工程教育相关的议题主要集中在：鼓励女性参与工程和工程教育，对多元化、公平性和包容性进行了诠释；新冠疫情暴发后的机遇和挑战，疫情下工程、技术和教育的变革，以及不断改进升级的教育系统、教学方法和课程等；工业革命4.0，探讨工业革命4.0带来的挑战以及引发的思考。此外，可持续发展理念、未来工程师、工程技术、大数据、K12、PBL等议题也贯穿其中。

新冠疫情是IEEE活动和会议中相当重要的一个主题。IEEE与其他国际组织不同，涉及行业广泛，因此和疫情结合的主题也相对较多。从表5-4中可知，IEEE官网显示的与工程以及工程教育相关的提议中，几乎所有的议题都和新冠疫情有交集。例如，在未来工程教育、工程领域的女性、开拓性工程教育、在线教育、工程/科技教育创新与新趋势等议题都涉及新冠疫情内容。

表 5-4　2019—2022 年 IEEE 重点活动及会议

序号	开展形式	活动名称	召开时间	主要内容	主题归纳
1	网络会议	2020 年 IEEE 世界工程教育会议（EDUNINE）——工程、计算和技术教育的挑战：工业革命 4.0 时代的创新	2020 年 3 月	会议目标是在拉丁美洲和世界各地的教学和研究环境下，展示并理解工程和计算教育方法的丰富多样性	工程教育 计算方法 技术 工业革命 4.0
2	网络会议	2020 年 IEEE 全球工程教育会议 EDUCON 2020	2020 年 4 月	多元文化和智能世界的未来工程教育	COCID-19 未来工程教育 多元化 智能化
3	会议	2020 年第五届工程教育信息技术国际会议（Inforino）	2020 年 4 月	讨论工程教育信息相关议题	信息技术 STEM 技术 工业 4.0 监测评估 数据挖掘
4	网络会议	2020 年第十届工作坊需求工程教育与培训国际研讨会（REET）	2020 年 8 月	REET 2020 的目标是为参与者提供一个空间，在本科、研究生教育和专业教育行业，分享关于技能和方法的教学和学习想法，挑战、成功经验以及教训	工程教育 培训
5	网络会议	2020 年世界工程教育论坛-全球工程院长理事会 WEEF-GEDC 2020	2020 年 11 月	全球挑战中的开拓性工程教育	创新 可持续发展 评估 STEM 教育 COVID-19 在线学习 工程教育 4.0 工科女性

序号	开展形式	活动名称	召开时间	主要内容	主题归纳
6	网络会议	2020 年 IEEE 工程教学、评估和学习国际会议（TALE2020）：利用变革性技术开启学习的新时代	2020 年 12 月	TALE 是 IEEE 教育学会亚太地区（IEEE Region 10）的旗舰会议，面向 STEM 教育感兴趣的研究人员和实践者，以及对创新使用数字技术学习、教学和评估感兴趣的人，特别强调电气和电子工程、电信、计算机工程、计算机科学和相关学科	工程技术教育
7	会议	2021 年 IEEE 世界工程教育大会（EDUNINE）——工程教育的未来：机遇和挑战	2021 年 3 月	会议目标是加强来自拉丁美洲和世界不同地区有经验的青年研究人员之间的学术和研究合作，旨在讨论工程、技术和计算研究，解决时代挑战，并在快速变化的世界中提高工程和技术教育水平	工程教育机遇挑战技术教育
8	网络会议	2021 年 IEEE 全球工程教育会议 EDUCON 2021	2021 年 4 月	会议以"工程领域的女性"为主题，讨论这个话题的不同方面。主讲人大多是第一次讨论这个话题的女性，都以其独特视角来探讨这个主题	工程领域女性数字化工程教育COVID-19

续表

序号	开展形式	活动名称	召开时间	主要内容	主题归纳
9	网络会议	2021年工程、科技教育创新与新趋势会议（IETSEC）	2021年5月	随着未来的新工作和利益相关者的新需求和新要求,工程、技术和科学教育在世界各地经历了巨大的变革。工程、技术和科学教育领域的领导者和研究人员正在不断改进他们的教育系统、教学方法、课程、学习目标和成果。2019年新冠疫情大流行大大加快了这些领域的工作变革	工程 技术 科学教育 教学系统 教学方法 课程 COVID-19
10	网络会议	2021年第三届下一代软件工程教育国际研讨会（SEENG）	2021年5月	该研讨会是一个互动的活动,旨在支持培训下一代软件工程师,讨论下一代软件工程教育的独特需求和挑战	下一代 软件工程师 工程教育 培训 需求与挑战
11	网络会议	2021年第四届葡萄牙工程教育学会国际会议CISPEE	2021年6月	工程教育相关内容	COVID-19 课程开发 工程教育 未来工程师 女性工程师
12	网络会议	2021年大数据工程与教育国际会议BDEE 2021	2021年8月	BDEE是展示大数据、教育领域,技术进步和研究成果的主要论坛,会议为研究人员、学者和科学家提供了一个面对面交流的宝贵机会	大数据 教育领域 技术

序号	开展形式	活动名称	召开时间	主要内容	主题归纳
13	线上线下混合会议	2021 年世界工程教育论坛-全球工程院长理事会 WEEF-GEDC 2021	2021 年 11 月	在包容和可持续发展的理念下,共享和建立对话探讨当前工程的优先方面,如多样性和伦理	K12、PBL COVID-19 在线学习 可持续发展 在线混合学习 和平工程 实际工程问题 工程教育
14	线上线下混合会议	2021 年 IEEE 国际工程、技术和教育会议(TALE 2021)	2021 年 12 月	TALE 是一个关于工程、技术和教育的国际会议,是 IEEE 教育协会在亚太地区的系列会议,旨在为学者和实践者提供一个论坛,分享他们在工程和技术教育方面的知识和经验,以及在各种学术和专业学科的技术支持以及教育创新	工程 技术 教育

来源:国际电气工程师学会官网,国际工程教育中心整理

(五) SEFI 以特殊兴趣小组为核心建立合作关系

欧洲工程教育学会(SEFI)拥有欧洲重要的工程教育机构网络,成员包括高等工程教育机构、校长、院长、教授、学生等,以及公司与其他相关国际协会。SEFI 旨在促进欧洲工程教育发展,提高工程教育和工程专业人员的形象,通过建立特殊兴趣小组举办年会、研讨会、院长活动,参与合作项目,运营《欧洲工程教育杂志》以及开展各项日常工作。

SEFI 以兴趣小组为中心开展国际合作,如表 5-5 所示。SEFI 下设多个特殊兴趣小组关注每个特定主题,主要任务为开展国际合作以及兴趣小组之间

的协同工作;组织参与国际会议、主题研讨会、工作坊、论坛;与期刊合作,开展联合研究,联合出版著作,提供解决方案,开展调查研究等主要活动形式。活动主题聚焦在与工程教育相关的工程教育、新冠疫情(COVID-19)、继续工程教育与终身学习、性别和多样性、可持续发展、吸引力、伦理、能力建设和课程发展等领域。

表 5-5 SEFI 部分兴趣小组重点活动及会议

兴趣小组	主要工作	国际会议及活动任务	活动及关注点
工程教育研究兴趣小组(SIG-EER)	改善工程高等教育质量和制定解决工程教育未来重要问题的战略,如招聘、新能力需求、新型跨学科、复杂知识;创建欧洲工程教育研究人员社区	在年会上举办主题研讨会和会议,提出倡议;每年举行两次小组会议,举办一次主题研究座谈会,参与项目研究培训和落实举措	SEFI@work:使用主题分析探索反思日记(研讨会);SEFI 2021 博士研讨会(研讨会)
继续工程教育与终身学习兴趣小组(CEE)	适应工业需求,并通过运行临时项目,吸引行业利益相关者	组织主题研讨会;组织欧洲 CEE 论坛;开展项目合作;开展 CEE 联合研究	"European Continuing Engineering Education-Conceptualizing the Lessons Learned"(著作);"The Knowledge Triangle-Re-Inventing the Future"(著作)
性别和多样性兴趣小组(Gender and diversity)	以性别平衡和包容的方式支持工程教育和工程专业,创造受尊重不被边缘化的环境	组织主题会议;与其他小组协同促进对工程教育多样性和包容性的批判性理解	SEFI@work:庆祝 Ada Lovelace 日——关于工程和技术教育中年轻女性的国际讨论(研讨会);SEFI@work:心理健康在多元化和包容性工程文化中的作用(研讨会)
可持续性兴趣小组(Sustainability)	调查可持续领域对工程教育的影响	寻找欧洲可持续发展主要参与者;提供可持续发展合作方案;制订可持续发展行动计划	SEFI@work:可持续性工程教育(研讨会);工程教育中可持续设计的免费学习资源(分享平台资源)

兴趣小组	主要工作	国际会议及活动任务	活动及关注点
吸引力兴趣小组（AWG）	为有兴趣参与工程教育的人提供交流论坛,提高工程教育吸引力,与其他小组协同解决问题	参与学术网络 EUGENE;组织主题研讨会;与期刊开展合作	投稿邀请——工程教育的吸引力新书(著作);A-STEP 项目(项目)
伦理兴趣小组（Ethics）	解决当前和未来经济、社会和环境挑战;建立开展伦理教育的教育工作者和执业工程师网络;开展工程课程伦理需求和机会的讨论,并形成意见和决策;分享伦理和伦理领导力教学经验、实践、发展和资源	举办主题工作坊及研讨会;开展联合研究和出版工作;组织主题国际会议	工程伦理教育的全球视野(焦点);加强跨国界工程伦理教育(焦点);工程伦理教育案例研究(焦点);COVID-19 期间的伦理教育(焦点)
能力建设兴趣小组（Capacity Building）	促进、开发和加强工程高等教育,培训教师在不断变化的世界中健康发展所需要的能力	组织主题会议;加强国际国内合作关系,共同开展研究和出版工作;建立主题分享平台;参加 IIDEA 研讨会	征集意见:SEFI Ethics Reader,召开国际会议(国际会议)
课程发展兴趣小组（CDWG）	组织高度参与现代工程教育的人员分享经验,并为对欧洲工程教育发展感兴趣的人们设立论坛	组织主题研讨会;与学术界展开互动;参与教育论坛;与各界分享实践经验和知识	调查:欧洲工程教育的课程变化(调查);SEFI 副主席 Yolande Berbers 教授指导刚果工程教育改革(工作);举办 GEDC 论坛(论坛)

来源:欧洲工程教育学会官网,国际工程教育中心整理

除以兴趣小组为中心组织活动外,SEFI 还以学会的名义组织 SEFI 年会、区域会议和研讨会、院长活动等,如表 5-6 所示。年度会议是 SEFI 最重要的活动,也是欧洲重大工程教育活动,为学会成员和相关人员提供了交流机会。区

域会议和研讨会强调区域活动,对于解决国家政策等问题非常重要。院长活动包括与工程教育合作伙伴举办欧洲工程院长年会(ECED)以及与全球工程院长理事会密切合作的 SEFI 工程院长理事会(EEDC)。各种活动及会议中,涉及新冠疫情的主题较多。

表 5-6 2019—2022 年 SEFI 重点活动及会议

序号	开展形式	活动名称	召开时间	主要内容	主题归纳
1	研讨会	迎接工程伦理教育的挑战	2019 年 12 月	工程教师在伦理教学中面临的若干挑战该如何解决。 主题:教育方法、学生评估和伦理课程质量评估、构筑"工程伦理"等	工程伦理教学
2	年会	参与工程教育	2020 年 9 月	Ruth Graham:奖励教学的启发性; Greet Langie:学生生涯发展; 热拉尔范德斯滕霍芬:COVID-19 教我们如何应对气候变化,如何将其嵌入教育; Pierre Dillenbourg:虚拟和增强学习环境	工程教育教学 COVID-19
3	研讨会	第 20 届 SEFI 数学特别兴趣小组研讨会	2021 年 6 月	实践与教学研究中的数学能力; 如何评估能力; 教学目标; COVID-19 教学的相关主题(新)-在线教学/学习场景	工程教育中的数学课程框架 未来工程师教育 在线教学相关主题 COVID-19
4	年会	工程教育中的混合学习:挑战、启发和持久	2021 年 9 月	新冠病毒大流行使得世界各地大学从课堂教学转向在线教学的模式,教师和学习者应该如何适应这种新形势	工程教育如何适应在线教学模式 新冠疫情

序号	开展形式	活动名称	召开时间	主要内容	主题归纳
5	ECED2021	第 12 届 SEFI 欧洲工程院长大会——建设未来的工程技能	2021 年 11 月	聚焦未来工程技能主题,探讨作为工程学院院长应该解决的一个重要问题:如何让学生为边界条件不断变化且多个利益相关者参与的不确定未来做好准备? 大学协会/联盟、跨学科性、和平工程	工程师培养 工程技能
6	会议	第 11 届工程教育物理教学国际会议 PTEE2022	2022 年 5 月	会议重点交流工程教育物理教学的思想和经验,主题涵盖了STEM 领域学习自然科学的方面:理论、实验室工作、实地工作、编程、评估、作业、教学方面、项目、跨学科等	工程教育 物理教学
7	2022 年年会	迈向工程教育的未来	2022 年 9 月	未明确	未明确
8	在线研讨会	SEFI@ work Inspiration Events	2021—2022 年	会议旨在将世界各地的同行聚集在一起,围绕工程教育进行主题讨论。 以下是每周在线研讨会的议题: 社会变革中的工程师; 工程教育的责任研究与创新; 工程教育领导者对伦理的愿景; 通过项目和基于挑战的学习探讨社会责任; 通过建立教育工作者社区加强工程教学;	工程教育 基于项目 基于学习 可持续发展 工程伦理 工程技术 工程文化 多元化 包容性 女性工程师

序号	开展形式	活动名称	召开时间	主要内容	主题归纳
8	在线研讨会	SEFI@work Inspiration Events	2021—2022年	让工程专业学生有权力参与其中； 可持续工程教育； 工程伦理教育的全球视野； 工程技能会议：欧洲的工程技能组合； 工程教育中的参与式技术评估； 水伦理和负责任的工程； 工程和技术教育中年轻女性的国际讨论； 心理健康在多元化和包容性工程文化中的作用； 西班牙和葡萄牙的工程伦理教育； SEFI伦理网络研讨会； 体验工程伦理教育：实践中工程伦理； 教育的思考、证据和观点	工程教育 基于项目 基于学习 可持续发展 工程伦理 工程技术 工程文化 多元化 包容性 女性工程师

来源：欧洲工程教育学会官网，国际工程教育中心整理

二、国际工程教育中心参与全球合作的主要方式

设立在清华大学的国际工程教育中心（ICEE）是以工程教育为活动主题的联合国教科文组织的二类中心，与全球知名高校、研究机构以及工程和工程教育类国际组织建立了广泛、密切、长期的合作关系。中心参加全球工程教育治理主要有以下几种方式。

（一）积极倡导建设工程教育共同体

国际工程教育中心在建立之初，提出建设平等、包容、发展、共赢的全球工

程教育共同体的倡议,旨在通过强有力的全球伙伴关系和合作,推动全球工程教育的发展。国际工程教育中心认为,全球工程教育共同体是基于工程教育与人类未来发展关系共识的信念共同体、规则共同体、行动共同体和利益共同体。全球工程教育界应本着共商、共建、共享的原则,建立高效平等的合作机制、灵活多样的流动机制、共赢的治理机制和开放的资源共享机制。其中合作机制包括成立工程教育合作联盟、签订协议、提供合作资金、搭建合作平台、交流学者、联合举办会议等。流动机制包括建立包容性的教育标准,实施专业认证,提高工程教育的国际化水平,促进工程师的国际流动。治理机制是指以实现共赢发展为目标的多主体协同治理模式。资源共享机制是指利用信息通信技术建立全球工程教育数据库,汇聚海量优质工程教育资源,这种资源共享机制的特点是公益性、开放性。中心呼吁国际组织、政府、大学、企业、行业协会、工程教育研究人员和其他利益相关者共同构建这一共同体,提高各国特别是非洲国家和女性工程师群体的工程能力,为工程促进可持续发展做出贡献。

(二) 深度参与工程教育国际标准修订

自 2019 年起,国际工程教育中心受邀加入 IEA-WFEO 工作组,进行 IEA《毕业要求和职业胜任力》标准的修订工作。[①] 本次修订的主要目标是确保新的标准反映当代全球关切与共同的价值观,例如可持续发展、多样性和包容性以及工程伦理,以及雇主需求,并让未来的工程师、工程技术员、工程技师能够融入推进联合国可持续发展目标的工程实践。本次修订预计会对未来 10 年工程教育的发展产生重要影响。此外,世界工程组织联合会与国际工程联盟委托国际工程教育中心将 GAPC 标准翻译成中文、法文、俄文、西班牙文、阿拉伯文等联合国官方语言,推动其他国家和地区以此为基础,建立更加具有包容性和规范性的工程教育认证和工程师胜任力发展标准。

(三) 推动国际实质等效工程教育认证体系发展

国际工程教育中心及其前身清华大学工程教育研究中心在推动中国工程教育认证过程和加入《华盛顿协议》过程中发挥了重要作用,中心的主要领导曾担任中国工程教育专业认证协会的负责人。经过试点和全面实施工程教育

---

① IEA, UNESCO & WFEO collaboration [EB/OL]. [2021-12-10]. https://www.ieagreements.org/about-us/iea-unesco-and-wfeo-collaboration/.

认证,中国建立了国际实质等效的工程教育认证体系,2016 年成为《华盛顿协议》的正式成员。国际工程教育中心的研究人员在此过程中做了大量研究和实践推动工作①。2006 年,全国只有 8 个专业通过认定。中国加入华盛顿协议后,通过认证的专业数量显著增加,到 2020 年共有 257 所高校的 1600 个专业通过了认证②。到 2021 年底,累计超过 1900 个专业经过了认证。工程教育认证的实施带动了中国工程教育向高质量内涵式发展转型,成果导向、学生中心、持续改进的认证理念逐步融入工科专业建设和质量保障的各个环节。

(四) 通过高水平咨询研究不断提高国际影响力

国际工程教育中心多年来为 UNESCO、中国工程院、教育部、中国科协等组织或政府部门提供工程教育政策咨询。2017—2021 年,在中国工程院、清华大学的支持下,国际工程教育中心与 UNESCO 共同组织编写《工程——支持可持续发展》报告。这是联合国教科文组织的第二份工程报告,于 2021 年 3 月 4 日世界工程日正式发布。联合国教科文组织总干事奥德蕾·阿祖莱(Audrey Azoulay),中国工程院院长李晓红,中国教育部原副部长、联合国教科文组织国际工程教育中心主任吴启迪,世界工程组织联合会主席龚克等出席了发布活动。联合国教科文组织助理总干事莎密拉(Shamila Nair-Bedouelle)主持活动。来自中国、美国、黎巴嫩、波兰、智利、乌干达、韩国等国家和地区的工程组织成员、机构负责人、青年工程师代表、大学教授、学生代表等参加了工程报告发布活动。工程报告是国际工程教育中心与 UNESCO 合作完成的重大学术成果,也是国际合作研究的成功案例。该报告由来自 30 多个国际组织的 40 多位作者参加撰写。工程报告也是中国工程院的重点战略咨询研究项目,有十余位工程院院士参与。

作为联合国教科文组织的旗舰报告之一,工程报告以英文、法文和中文出版,其执行摘要以英文、法文、中文、俄文、西班牙文和阿拉伯文出版。工程报告强调了工程在实现每一个可持续发展目标中的关键作用,并对政府、工程组织、学术界和教育机构以及工业界提供了建议,以建立全球伙伴关系并促进

---

① ICEE has made important contributions to China Engineering Education's accession to the "Washington Accord"[EB/OL]. [2021-12-10]. https://www.ioe.tsinghua.edu.cn/info/1141/1044.htm.

② China Engineering Education Accreditation Association (CEEAA)[EB/OL]. [2021-12-10]. https://www.ceeaa.org.cn/gcjyzyrzxh/xwdt/tzgg56/626727/index.html.

工程合作,从而实现关于可持续发展的目标。联合国教科文组织总干事奥德蕾·阿祖莱在报告序言中评价该报告是"联合国教科文组织标准制定工作的一个重要里程碑"①。

工程报告呼吁联合国教科文组织会员国政府、企业、大学、研究机构、社会公众更加重视工程,并采取切实行动,借助工程推动全球可持续发展目标的实现。报告共分为五章:工程构建更可持续发展的世界、人人机会均等、工程创新与可持续发展目标、工程教育与可持续发展能力建设、工程发展的区域趋势。其中跨区域发展趋势的章节根据清华撰写团队的提议增加,以反映全球工程活动中日趋明显的跨区域合作趋势,同时也将中国"一带一路"倡议和人类命运共同体理念通过案例的方式融入报告。报告向会员国政府、工业界、学术界提出了支持工程发展、改善工程活动、加强能力建设、促进全球合作、推动可持续发展的若干重要建议。② 以报告发布为契机,国际工程教育中心组织了一系列活动来扩大报告的公众影响力。例如,在清华大学建校 110 周年之际,国际工程教育中心向清华大学的教职工、学生和校友发出了 1100 份中文版执行摘要,并邀请他们签名支持可持续发展。③

(五) 举办国际工程教育论坛和研讨会

国际工程教育中心每年举办工程教育国际论坛与研讨会,为工程教育领域的利益相关者分享经验,提供交流机会。其中,国际工程教育论坛(IFEE)是清华大学、中国工程院和 UNESCO 联合主办、国际工程教育中心与相关工科院系具体组织的高端论坛。2018 年举办的首届工程教育国际论坛以"工程教育的创新与发展"为主题,聚焦第四次工业革命和工程教育创新发展。来自近 20 个国家或地区的知名高校、国际组织、学术团体和企业的 150 余位专家、学者和行业代表参加了论坛。④ 第二届工程教育国际论坛于 2020 年举办,主题为"环境与可持续发展",包括水生态、气候变化、健康、可持续技术和工程教育

①　UNESCO. Engineering for Sustainable Development: Delivering on the Sustainable Development Goals[EB/OL]. (2021)[2021-11-26]. https://en.unesco.org/reports/engineering.

②　https://www.ioe.tsinghua.edu.cn/info/1175/2378.htm.

③　ICEE Launches A Signing and Presentation Activity to Celebrate the 110th Anniversary of Tsinghua University[EB/OL]. [2021-12-10]. http://www.icee-unesco.org/news/71.

④　The first international forum on engineering education[EB/OL]. [2021-12-10]. https://www.ioe.tsinghua.edu.cn/info/1195/1917.htm.

促进可持续发展等议题。第二届论坛共有来自 25 个国家或地区、38 家机构的 1364 人参加。① 在本项目研究过程中,国际工程教育中心还举办了 2021 年工程促进可持续发展研讨会。

疫情期间,国际工程教育中心举办了多场在线教育研讨会、对话、座谈会,通过与学堂在线、全球 MOOC 联盟和在线合作,分享清华在新冠病毒大流行期间的在线教育经验。为了扩大交流网络和发展伙伴关系,国际工程教育中心积极参加其他组织和机构举办的学术会议。

(六) 提供工程教育知识服务

国际工程教育中心与学堂在线和联合国教科文组织国际工程科学技术知识中心紧密合作,为公众提供工程教育知识服务。工程教育知识服务平台是一个综合性、国际化、非营利性的在线平台,集数据服务、信息服务和教育服务于一体,方便人们一站式获取各类教育资源。该平台包含大量工程教育信息,包括研究文献、政策文件、会议、学术趋势、认证、出版物和在线课程等。基于这个平台,中心为来自发展中国家尤其是"一带一路"沿线国家的国际工程专业学生提供微专业在线学习项目。微专业学习是指针对某一专业主题的一系列在线课程,学习者可以在课程基础上通过考试以短期项目的形式获得认证。2017—2020 年,共有 3000 名学习者参与微专业在线学习项目,200 名学习者通过考试并获得认证。一项调查显示,微专业在线学习项目实施良好,国际工程专业学生在专业知识、解决问题能力、批判性思维和创新能力等方面取得了预期的学习成果。② 新冠疫情导致全球关闭了大量教育机构,但该在线学习项目为确保疫情期间学习的可持续性做出了很大贡献。这种优质的教育资源共享弥合了发达国家与发展中国家工程能力的差距,符合可持续发展的目标。

三、国际工程教育合作的趋势

2021 年 3 月 4 日世界工程日,UNESCO 发布了中国工程院、清华大学共同

---

① The 2nd International Forum of Engineering Education (IFEE 2020)[EB/OL].[2021-12-10]. http://www.icee-unesco.org/news/50.

② 陈会民,田慧君,王孙禺.计算机微专业国际项目的实施与发展——以疫情期间的实践为例[J].现代教育技术,2021,31(01):119-125.

支持，UNESCO 与国际工程教育中心联合出版的工程报告《工程——支持可持续发展》。

这份报告在疫情期间发布具有非常重要的意义。新冠疫情暴发与气候变化、能源危机、自然灾害、饥饿贫困等全球性挑战相叠加，让人类社会发展充满不稳定性、不确定性、复杂性和模糊性。工程和工程教育能够在促进世界经济复苏、应对全球气候变化、保护公众生命健康、增进人类福祉中发挥更大的作用。各国唯有携起手来，才能建设更加包容、更有韧性、更可持续的世界。为了实现全球范围的可持续发展，工程科技进步至关重要。为了让工程支持可持续发展，需要加快工程科技人才培养，加快工程教育改革。

2021 年 12 月，国际工程教育中心结合本项目研究，邀请了世界工程教育领域的专家，召开"工程支持可持续发展学术研讨会"，共同探讨工程教育促进可持续发展的重要议题。本处结合 UNESCO 工程报告和研讨会上的专家观点，分析疫情后的国际工程合作主要趋势。

（一）扩大工程领域的跨区域合作是大势所趋

工程合作需要建立国际、跨域区、区域内的伙伴关系。工程学术界、产业界、专业机构、政府和民间机构已经建成稳固扩大的朋友圈，积极开展国际合作和跨学科合作，共同推动工程技术和应用创新，建设符合可持续发展要求的工程能力。新冠疫情暴发后，互联网技术打破空间阻碍，为组织与各界的联系创造了更加优越的条件，在线会议成为跨区域、区域和次区域合作的重要形式，国际组织与各界的互动更加频繁。全球各国应共同推动人工智能创新和应用，进行负责任的创新和应用，增强数据技术能力，缩小国家之间的数字鸿沟。同时，要把智慧工程与数字技术和人工智能结合起来，其应用正在逐渐改变基础设施的性质和经济性。

1. 专家观点：全球工程跨区域合作的客观需求①

第一，要解决新冠疫情在全球肆虐的问题，需要跨区域合作。第二，要应对全球气候变化，需要跨区域合作。2021 年 10 月，第 26 届联合国气候变化大会（COP26）召开，官方数据显示，来自各国政府、企业、非政府组织的 3 万余人

---

① 袁驷. 工程领域的跨区域趋势. Interregional Trends in Engineering ［R］. 2021 工程支持可持续发展学术研讨会，北京：2021.

参加谈判、研讨会等活动。第三，要缩小教育差距，需要跨区域合作。数据显示，截至2020年2月25日，受新冠疫情影响，全球约有14.5亿学生受到影响，占注册学生总数的82.5%。第四，要实现工程自身的转型，需要跨区域合作。工程要创造更加美好的世界，就需要培养更多具备工程科技能力的工程师，工程本身需要更加具有创新性、包容性、合作性和责任性。第五，要推动工程教育发展和创新，需要跨区域合作。第六，联合国系统需要建立更多共识。联合国秘书长安东尼奥·古特雷斯（António Guterres）曾提到：我们生活在一个相互联系、相互依存的世界。今天几乎没有任何问题不是跨越国界，甚至跨越几代人。①

2. 专家观点：全球工程发展的跨区域趋势②

第一，工程与可持续发展目标的要求保持一致，促进工程专业人员流动需要全球努力。第二，工程专业组织在跨区域伙伴关系和工程能力建设中发挥日益重要的作用。第三，投资增长和工程科技进步加速世界各地基础设施建设。第四，可持续性科学与工程正在兴起。可持续发展目标不是一些目标的简单集合，而是系统性的，可持续性科学与工程能够为解决可持续发展问题提供科技动力。第五，工程能力的区域差距不断扩大。第六，发展中国家工程人才持续短缺。最后两个趋势并不是非常积极的趋势。如图5-1所示，据相关数据显示，世界上学习工程、制造与建筑专业的学生在2013年之前一直保持在第二位，2013年后下降至第三位，这表明工程专业对青年大学生的吸引力在不断下降。

3. 专家观点：全球工程跨区域合作的关键是稳定的伙伴关系③

建立全球伙伴关系是第17个可持续发展目标，是其他目标实现的基础。加强全球工程跨区域合作，重点在于提高国家工程能力，建立多样性的工程体系，通过工程活动保持生态韧性，维护人类福祉，发展可持续专业工程组织。

---

① 联合国秘书长愿景报告（Restoring trust and inspiring hope）. Vison statement by UN Secretary General, ANTÓNIO GUTERRES, 2021.

②③ 袁驷. 工程领域的跨区域趋势. Interregional Trends in Engineering［R］. 2021工程支持可持续发展学术研讨会, 北京: 2021.

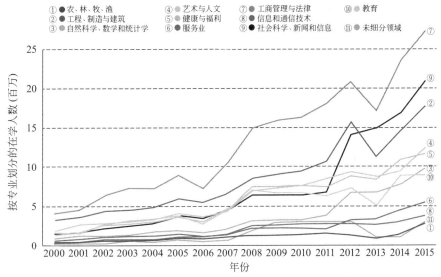

图 5-1　2000—2015 年各专业高等教育在学人数①

注：本可视化图表仅基于可用数据，不包含中国与印度等国家相关数据

资料来源：UIS and ICEE，2018

每个大洲、每个国家都不应该掉队，各国应当并肩面对全球最大的挑战，共同创造美好未来，这就要求必须建立起有效、稳定的跨区域合作伙伴关系。

（二）提高工程教育吸引力，消除年龄性别等不利因素

未来需要越来越多的青年和女性参与工程职业。如何增加青年工程师和女性工程师数量是亟待解决的问题。目前各界已经达成共识，支持女性在教育和就业之间的衔接，帮助她们实现工程领域的跨行业流动，消除工程界对女性参与的不利因素。积极与年轻工程师中的弱势群体合作开展项目，在课程的早期向年轻人介绍工程学知识。监测和消除由新冠疫情造成的性别不平等，为青年工程师尤其是女性工程师提供支持。

1. 专家观点：工程职业中的女性参与不容乐观②

工程领域的性别不平等问题尤为严重。让更多女性参与工程是工程实现

---

① 联合国教科文组织. 工程——支持可持续发展［R/M］. 北京：中央编译出版社，2013：163.

② 佩琪. 联合国教科文组织工程倡议. Engineering Education for a Sustainable World［R］. 2021 工程支持可持续发展学术研讨会，北京：2021.

跨性别、跨技术、跨学科、跨国界转型的关键一环。人工智能技术全球排名前20的国家中,女性的占比非常低。其中,美国就职于人工智能领域的女性占比低于20%,女工程师则更低。新加坡、意大利和南非此数据占比相对高,达到28%。工程师、工程界需要加强与 UNESCO 的合作,消除工程领域中的性别差距。工程领域需要更多女性,更需要少数民族的女性参与,要鼓励女性参与研究,参与产业发展。

2. 专家观点:未来要培养更多的女性工程师[①]

来自南非津巴布韦工程师联合会的研究显示,在非洲南部,平均每10万人中仅有68位工程师。而美国平均每10万人中有850位工程师。通过数据对比可见工程师数量的区域差距很大,一些地区缺口明显。工程师数量与经济发展之间存在相关性。在南非的研究中发现,舍塞尔、毛里求斯等国家十万人口中的工程师数量明显高于其他国家,GDP 数据也高于其他国家。世界银行的研究数据显示,国家基础设施的数量和工程师的数量呈正相关关系,工程师指数更高的国家 GDP 也更高。世界各国出于对经济发展的追求,也需要拥有更多的工程师。

欧洲国家的工程教育互认较多,而亚洲、拉丁美洲、非洲在学术或者教育标准方面的互认较少。工程学以及工程师本身由于大数据、AI、3D 等技术的研发和应用随之发生了很大变化。全球人口数量和技术快速变化,信息技术对每一个工程行业都会产生影响。90%的土木工程师需要应用人工智能或者更多的新技术进行研究。通过培养女性工程师,可以壮大工程师队伍。

近年来,WFEO 在培养女工程师方面做出努力,合作伙伴包括国际女工程师和科学家组织(INWES)、国际工程联盟、国际工程教育中心等。WFEO 组织的活动和会议中常涉及女工程师、多元化、可包容性主题,还特设 WFEO 女工程师奖,以提高工程教育吸引力,消除年龄和性别等不利因素。

(三) 共同制定工程专业认证体系,促进工程资格和能力全球认可

各国政府、工程机构、产业界和学术界需要合作,推动建立国际工程专业认证体系,促进工程师资格和职业胜任力的全球认可,需要制定国际统一的工

---

① 马琳·坎加. 工程教育促进更可持续的世界. Engineering Education for a Sustainable World [R]. 2021 工程支持可持续发展学术研讨会,北京:2021.

科学生知识能力要求;要重点关注发展中国家,通过更新国家规范、标准和准则提升工程能力;要建设符合可持续发展要求的工程能力,关注所有可持续发展目标的工程维度;要深刻理解包容性标准,工程师流动性与工程和教育的关系,应对世界各地工程能力和经济发展的不平衡问题。2019 年 11 月,国际工程联盟在 UNESCO 的支持下启动了《毕业要求和职业胜任力》(GAPC)的修订工作。国际工程联盟与学术界、工业界、女性组织等广泛接触收集建议,并与 WFEO 组成工作组开展修订工作,国际工程教育中心作为工作组成员全程参与其中。

1. 专家观点:修订国际工程联盟 GAPC 标准推动可持续发展①

国际工程联盟旨在提高全球专业人才流动性、工程教育质量和职业能力,是工程师全球标准对标平台,希望通过对标来推动可持续发展。国际工程联盟通过并行的六个协议,从三类工程职业者的角度,从工程教育项目认证和工程师资格注册这两个维度来实现。《华盛顿协议》《悉尼协议》和《都柏林协议》分别对工程师、工程技术员以及工程技师的教育项目进行互认。《国际职业工程师协议》《国际工程技术员协议》以及《国际工程技师协议》建立了互认机制,使得在一个签约成员司法管辖区内完成注册的专业人员可在另一个签约成员司法管辖区内获得认可。

在教育认证过程中需要建立一个专业的标准框架,实现不同教育方法之间的互认以及整个教育系统的互认。专业的标准框架能够实现较强的互动性,包括将不同文化、不同区域的需求进行协调,反映毕业要求与胜任力。这就要求国际工程联盟与非常重要的参与者开展合作来实现。

国际工程联盟经常与跨区域的专业机构开展合作。2015 年,国际工程联盟曾与 ENAEE 以及 FEIAP 开展能力建设方面的合作,此次合作不仅涉及本国、本地区,还包括南美、非洲以及其他一些跨区域的合作。2018 年,国际工程联盟曾和 WFEO 开展合作,共同建立满足发展中国家成员要求的标准能力设定项目。2019 年,UNESCO、WFEO 共同签署"国际工程教育标准和可持续发展能力建设"宣言。国际工程联盟希望通过与相关机构开展合作,共同完成对工程师、工程技术员和工程技师的培训。

除了开展与专业结构的合作之外,国际工程联盟还希望在全球范围内实

---

① 伊丽莎白·泰勒. 国际工程联盟 GAPC 标准的修订. *Interregional Trends in Engineering*[R]. 2021 工程支持可持续发展学术研讨会,北京:2021.

现可持续发展目标。比如对专业教育进行评估和监测，将可持续发展目标融入课程设置的核心之中。国际工程联盟希望这些专业知识、内容和标准都是统一的，能够真实反映学生的能力。

工作组是工作当中非常重要的一种组织形式。国际工程联盟、WFEO 等组织都成立了各自的工作组进行研究。这种组织形式能够保障大家在全球工程教育领域当中，语言和标准统一。国际工程教育中心也积极参与到合作当中，所做的工作需要通过工作组的审查，希望以更多元化的思维方式、文化、想法、背景推动未来发展。未来要解决的问题非常复杂，很难简单地提出符合可持续发展要求的单一解决方案。部分传统领域已经具有解决方案，但是更多不断创新的行业，例如医药行业、科技领域等，都需要持续推动工程和工程教育发展。

最近，国际工程联盟公布了最新修订的 GAPC 标准手册，能够指导教授和学生将能力要求转化为具体的课程需求。在起草手册的过程中，国际工程联盟充分听取了来自全球不同国家的不同理念和想法，综合考虑后制定手册。从工程教育的角度分析，高质量的标准是保证系统运行的基础，同时还需要兼顾标准的柔性为创新留出空间，这就需要在两者之间找到一个平衡。

在标准的修订过程中，国际工程教育中心以及其他一些研究机构和中心也加入其中共同完成修订工作。国际工程联盟希望建立全球统一的工程教育标准，构建网络分享思想，共同实现可持续发展能力建设。

2. 专家观点：面向未来的工程教育——利用 PBL 培养工程能力[①]

工程报告提及教育、可持续发展目标的重要性，强调可持续发展与工程教育之间的结合、新能力的发展。一些能力属于新的系统性思维，具有规范性、战略高度、批判思维、个人意识等。可持续发展也是其中一种能力。

基于问题的学习（PBL）与工程教育结合并在大量课程中得以应用，意味着工程专业的学生可在课程中学习真实世界中面临可持续发展挑战的内容。但是，仅有少数 PBL 活动是从真实世界的角度进行执行，大多数情况还是从课程设计角度出发。因此，解决可持续发展目标的问题和挑战，不可能通过单一学科解决，而需要学生开展跨学科的学习和研究。

---

① 安妮特·科莫斯. 面向未来的工程教育（*Interregional Trends in Engineering*）［R］. 2021 工程支持可持续发展学术研讨会，北京：2021.

这种目标是不同类型问题的集合,标志着学科问题的复杂性。我们可以通过一些办法实现问题间的连接,但是仍旧无法识别问题和找到解决方案。学生必须做好准备面对更复杂的问题,比如新冠疫情等。

一切都在变化过程中,学习需要变化,PBL 需要变化,在应用项目中也需要不断变化。我们要将变化融入工程教育中,可以是一个学科项目或者不同项目的集合,也可以是跨学科的项目,甚至是超大型项目。

学习方法可以帮助学生获得一定的能力。奥尔堡大学通过 PBL 培养学生四种能力,包括源于问题的能力、人际交往的能力、领导能力和组织能力。学校希望培养学生强大的意识能力,帮助其通过对比变化学习到不同能力,最终在个人能力方面获得更大发展。在欧洲有很多小型课程单元,学生通过数字化形式完成课程学习获得资质。这些资质可以在不同类型的项目中使用。

未来的发展是非常重要的。关于跨学科,如何把人文社会科学(SSH)变成 STEM,将 STEM 变成 SSH 是非常重要的。为了找到解决方案,可以考虑将跨学科的知识分类。现在一些用人单位希望毕业生能够具备协作能力。工程教育机构可以探索性地设计微课程,让学生通过跨学科的项目进行合作,甚至在更复杂的项目中,推动不同学生团体间开展合作。奥尔堡大学设立了一些挑战性项目用于解决可持续发展目标的相关问题,还有连续多年跨学科开展的拓展类学期项目。学校鼓励学生参与项目分享知识,同时开放给不同的外部合作伙伴。

(四) 创造多元化、包容性的教育环境,坚持可持续发展目标

教育机构创造多元化、包容性教育环境,培养未来工程师的包容性思维。工程教育工作重点集中在加强 STEM 教育和工程伦理教育、可持续发展主题,注重跨学科课程和专业能力建设。倡导工程教育教学采用以学生为中心的理念,充分利用在线学习,侧重跨学科合作和解决复杂问题的思路。

可持续理念从环境教育向工程教育整个体系扩散是大趋势。没有工程和工程师,实现可持续发展目标几乎是不可能的。我们要确保工程师具备高素质,从而实现可持续发展目标。发挥工程师、工程、工程技术在实现可持续发展目标上的关键作用,遵循"不让任何人掉队"的宗旨。将可持续发展理念融入水文、能源、新冠疫情、大数据、人工智能、气候问题等工程发展目标中,制定有效解决方案。

1. 专家观点：工程加快可持续发展目标的实现①

可持续发展目标是世界的共同目标，是实现人类发展的可持续目标。工程对于加快可持续发展目标实现具有必要性。联合国秘书长古特雷斯在贺信中提及希望能够实现 17 个可持续发展目标，实现一个和平繁荣的未来。这应该是建立在全球统一的基础上。为了实现这一目标，每一个具体目标都需要科学技术和工程的支持与发展。这也显示了工程领域的各个机构和组织都承担着实现可持续发展目标的巨大责任。

第七个可持续发展目标是关于可负担的清洁能源和食物。在实现这个目标的过程中各个领域的工程师发挥了巨大作用。不论是供给侧还是需求侧，都与可持续发展目标密切相关。工程师必须通过有效的跨学科的方式进行协作，这是可持续发展目标的内在要求。因为在可持续发展过程中，需要实现经济、社会和环境的三方平衡。可持续发展目标之间具有千丝万缕的联系，工程师要想针对可持续发展目标提出有效的解决方案，就必须跨学科协作。

在制定和实现目标的过程中，要有着力点，包括经济和金融治理、个人和集体行动、科学和技术。工程师可以利用这些方面充分支持各个行业实现可持续发展目标，帮助其进入发展的快车道。例如，在清洁能源、城市发展、环境保护、气候变化等方面，无法通过单一学科进行工作，需要跨学科协作来实现目标。工程师应该实现自我转型，需要对专业知识、工程原理、研发流程等进行重新思考和审视。只有这样，才能真正做好以市场需求为导向的设计，工程师才能真正实现目标。

WFEO 希望工程职业从男性主导的职业转化成男女平衡的职业。WFEO针对合作伙伴进行了研究，希望能够推动工程领域的性别平等。

在实现可持续发展目标过程中，工程师必须充分利用新兴技术，例如数字技术、生物工程、新材料等。数字技术在整个工业革命进程中发挥了引领作用。例如，大数据、人工智能在实现第 11 个可持续发展目标过程中非常重要，帮助人类实现智慧城市、智慧交通。

人工智能让基础设施更具弹性，但是新技术的使用也需要考虑风险评估和管理。2021 年 11 月 UNESCO 通过了人工智能伦理道德准则，这是历史上第

---

① 龚克. 工程加快可持续发展目标的实现(*Engineering Education for a Sustainable World*) [R]. 2021 工程支持可持续发展学术研讨会,北京:2021.

一次由 UNESCO 设定的关于人工智能的伦理标准。WFEO 也相继出台了一些原则,提出相应的伦理道德要求。目前,已经正式推出了伦理道德法,约束全球范围内对人工智能和大数据的使用。一些相关技术的应用也必须遵守基本的道德底线。

工程师必须在全球范围内携手合作,加速实现可持续发展目标。WFEO 在工程领域和 UNESCO 开展密切合作,共同发起非洲工程周倡议,建立世界第一个工程日来推动实现可持续发展。2022 年,WFEO 举行两大活动——24 小时的直播和世界工程日的黑客松。黑客松类似于马拉松,WFEO 邀请全球工程师组队参与活动,并将其传递下去。

2. 专家观点:工程教育促进更可持续的世界①

2018 年,WFEO 开始推动可持续发展目标的实现,同时也与 UNESCO 其他组织进行合作共同推动《2030 年议程》(*2030 Agenda*),包括 2019 年设定"国际工程日"。工程报告展示了工程师如何帮助人类实现梦想,也提出未来工程师需要具备更多技能。

2018 年 3 月 7 日,WFEO 与 UNESCO 签署了通过工程共同推动可持续发展目标的宣言。WFEO 作为专业结构,正式向 UNESCO 做出承诺,承诺包括三部分内容:提高工程专业毕业生的数量和质量;建立工程教育全球标准支持工程教育体系发展;通过工程教育领域学术合作推动能力建设。这些工作需要政府、工程教育专家、产业、专业的工程教育学术机构共同合作,WFEO 需要通过合作建立可行的国际工程教育标准实现可持续发展目标。最终,应该在全球范围内达成共识,成为各国工程教育体系的基础,帮助更多工程师学会相应的技能。

(五) 积极应对新冠疫情、气候环境变化等带来的复杂问题

工程学科越来越强调可持续性和跨学科提供复杂问题解决方案。学术界、生物医学界和医疗保健系统的国际医学和生物工程联合会(IFMBE)的多国成员,以及监管组织、政府机构和非政府组织,正在创新方法、优化流程、推动技术进步,应对未来挑战,积极应对新冠疫情带来的复杂问题。

---

① 马琳·坎加. 工程教育促进更可持续的世界(*Engineering Education for a Sustainable World*)[R].2021 工程支持可持续发展学术研讨会,北京:2021.

各国政府、工业界、学术界、民间社会组织应紧密合作应对气候紧急状态,与工程研究结合,动员全世界工程能力,在全球范围内实施解决方案。

工程师、技术人员、政策制定者、民间社会组织和私营部门等多方利益攸关者应加强合作,加强灾害风险治理和改善灾害风险管理,利用工程技术加强备灾能力,有效应对灾害。

1. 专家观点:新冠疫情暴发显示了全球合作的重要性①

此次新冠疫情暴发显示了全球合作的重要性,组织之间通过网络会议频繁联系,UNESCO 也积极和各方建立合作关系。UNESCO 大会批准了中长期发展规划,同时拟定项目和预算。UNESCO 与工程教育领域之间的关系以及工程倡议是其中的重点。

UNESCO 希望科学能够实现人类与地球的共同繁荣,但是目前在全球范围内依旧面临很多挑战。UNESCO 希望借助工程或者工程教育来解决问题实现可持续发展目标,建立一个有效、透明、充满活力的工程界大家庭,实现工程领域的完整性,让每一位工程师参与其中。各个组织通过行动将科学、技术或者工程上创新的概念、能力的建设连接在一起。然而,目前举行的研讨会大多是纸上谈兵,需要将计划转化为行动,才能消除技术之间的差距和缺口。

各个组织都在寻找新的资源消除贫困,这需要将工程科学技术全球化作为支撑,并建立可持续、长期和平的发展。培养面向未来的工程师,提供应对挑战的解决方案。工程教育需要以改革确保工程驱动未来发展,成为可持续发展的核心。世界需要更多的工程师、新技术、实践以及合作。UNESCO 呼吁所有工程师、工程协会、工程机构以及所有工程二类中心共同合作,更快更好地推进工程教育工作,培育面向未来的工程师。

2. 专家观点:新冠疫情是颠覆性变化的催化剂②

目前的工程教育课程设计与 19 世纪相比没有明显区别。随着互联网、人工智能、工业需求变化,以及新冠疫情作为颠覆性变化的催化剂的加入,人类

① 佩琪. 联合国教科文组织工程倡议(*Engineering Education for a Sustainable World*)〔R〕. 2021 工程支持可持续发展学术研讨会,北京:2021.

② 祝京旭. 工程教育发展趋势(*Engineering Education for a Sustainable World*)〔R〕. 2021 工程支持可持续发展学术研讨会,北京:2021.

意识到需要面向未来。从历史角度追溯,语言发展以及技术发展逐渐改变人类教育,从一对一到一对多,开始通过书面进行记录。20世纪,教育是一种手拉手的积木式的教育方式,人类拼接知识图谱形成知识大厦,还有以个人技能为基础的方式。现代教育是一层一层的模式,从幼儿园、小学、中学到大学,人类通过层层叠加完成学习,也就是教育系统。

未来的教育可能更加复杂、多样化。基于互联网学习这种个性化的学习方式,将成为未来发展的趋势。教育发展方式发生变化,开始向多元化方式发展。当前工程教育正在动态发展过程中,工程教育定义越来越广泛、越来越多元化,不仅体现在学校层面,还体现在雇主的需求层面。新一代工程师对于新技术的需求、个性化和定制化的学习以及终身学习等都将影响工程教育的发展。

传统的教学模式在疫情之后会全面恢复,而通过互联网实现一对一教学,通过计算机程序实现一对多教学的在线教育将会使工程教育更加有效。从经验中进行学习也可以实现,将这一切结合在一起可以形成新的方法。未来工程教育寻求的是一种集合,要进行资源优化,将实验室课程、商业化课程、定制的个人化路径、教育经验结合起来。定制化学习在空间和时间上都正在发生变化。雇主、大学等外部驱动力以及技术影响也都作为重要因素而存在。

在时间角度上,未来的学生在不同的大学获得不同的"科学套餐",可以开展个人跨时间的不同学习体验。在空间角度上,学生可以通过5G方式从多处获得课程,加入实验课程,加入联合讨论,通过不同的考试。学习计划可以在不断前进的过程中做出调整。

通过以上分析,可以得到初步结论,新冠疫情虽然增加了面对面研讨的困难,但是重要国际工程教育组织之间的合作交流从未停止,网络技术甚至使这种交流变得更加频繁。与很多领域相比,最重要的国际工程教育组织对未来合作的看法是积极的、正面的和富有建设性的。对于与中国的合作,也较少被政治立场和意识形态所左右,这也与工程从业者坚持真理、无问西东的务实作风有关。国际同行对工程教育正在和即将发生的变革非常敏锐,对加强国际合作提出了很高的期待。

第六章 我国工程教育国际合作战略目标与对策

本章内容在前五章的基础之上,总结新冠疫情之后工程教育与国际合作的主要趋势,并分析新冠疫情之后工程教育国际合作的现实基础和面临的突出问题,提出新冠疫情之后我国工程教育国际合作的战略目标。建议我国应加快推进工程教育国际合作步伐,坚定多边主义立场,通过扩大朋友圈、建设人才池、深度参与国际治理提升国际影响力与话语权。

一、工程教育与国际合作的主要趋势

新冠疫情深刻改变了国际政治、经济、社会的既有秩序和多边合作格局,并将持续催化世界百年未有之大变局向复杂性和不确定性方向演化。"二战"以后建立的多边主义国际合作格局不断被打破,主张去全球化与坚持全球化的力量博弈短期内难见分晓,以美国为首的西方国家将会采取贸易战、科技战、金融战、舆论战甚至发动局部战争等综合手段挑起各种争端,从而限制和干扰中国等国家的发展。

中国作为坚定维护世界和平与发展、多边主义秩序的关键力量,将在全球发展中扮演举足轻重的角色。中国发挥全球影响力的基础在于不断提升自身发展能力,不断争取一切爱好和平、谋求发展的国家共同建设人类命运共同体。中国要战胜一系列重大挑战,归根结底还是要靠强大的政治优势和高水平的科技自立自强。国家间竞争加剧,"卡脖子"的现象将会持续存在。整体而言,疫情后的全球工程教育发展,主要有以下九个趋势:工程科技在全球问题解决中的作用将更加凸显;工程教育在国家战略中的地位将显著提升;工程教育多学科交叉融合将持续深化;工程教育线上线下融合将成为新常态;工程教学将更加重视基于项目和问题的学习;工程教育将更加重视工程师持续发展;工程教育将更加强调直接支持可持续发展;工程教育伙伴关系将呈现在竞争中合作的新特点;全球工程教育治理将需要更多发展中国家深度参与。

　　本研究对疫情期间主要国际工程组织和工程教育组织发展趋势的研究表明,新冠疫情虽然增加了国际交流与合作的困难,但是工程教育领域的国际合作交流并未停止,借助网络技术,这种交流甚至更加频繁。与很多领域相比,国际工程教育组织对未来合作的看法是积极的、正面的和富有建设性的。对于与中国的合作,也较少被政治立场和意识形态所左右。这是疫情后继续开展和扩大工程教育国际合作的重要依据。

二、深化工程教育国际合作的现实基础和突出问题

　　疫情之后,我国应该更加主动地深入推动国际工程教育交流与合作,其理由如下:

　　中国的工业发展持续有力地支撑了国家的发展,并持续助力各国共同发展。我国目前是世界第二大经济体、制造业第一大国,拥有完整的现代工业体系。相关数据表明,疫情暴发后的 2020—2021 年,工业增加值对我国 GDP 增长的贡献率均超过 36.5%。事实证明,工业发展不仅是支撑中国长期快速发展的关键因素,也是疫情期间支持中国经济保持韧性、免受重大冲击的重要保障。高质量合作共建"一带一路"取得重大进展。"一带一路"官方网站数据显示,政策沟通、设施联通、贸易畅通、资金融通、民心相通持续推进,截至 2022 年 3 月 23 日,中国已经同 149 个国家和 32 个国际组织签署 200 余份共建"一带一路"合作文件①。根据 2021 年的不完全统计数据,中国已在非洲修建 6000 多千米铁路、6000 多千米公路,近 20 个港口和 80 多个电力设施。2021 年,我国与"一带一路"沿线国家专利布局双向增长,中国企业在沿线国家专利申请公开量和授权量分别为 8596 件和 4711 件,同比分别增长 29.4% 和 15.3%。2021 年,我国企业在沿线国家的专利授权数量增幅较大,在 RCEP 成员国获授权的有 3158 件,占比 67.0%,同比增长 24.8%。② 2022 年上半年,我国与"一带一路"沿线国家货物贸易额达 6.3 万亿元,同比增长 17.8%,占比

---

① https://www.yidaiyilu.gov.cn/xwzx/roll/77298.htm.

② http://www.gov.cn/xinwen/2022-06-23/content_5697325.htm.

提高到 31.9%。对沿线国家非金融类直接投资达 650.3 亿元,增长 4.9%,占比提高到 18.5%。同期,沿线国家对华实际投资达 452.5 亿元,增长 10.6%。[①]"一带一路"已经成为世界经济复苏的重要引擎,未来合作发展态势较好。

中国工程教育正在加快高质量发展,未来开展国际合作的潜力巨大。根据联合国教科文组织统计所的数据,如图 6-1 所示。从工科在校生规模看,我国毫无疑问领先于其他国家;从工科在校生数占人口总数的比例来看,我国工科在校生数与总人口数之比显著高于美国、印度等国家。美国总人口在十个国家中排名第三,但工科在校生数却低于俄罗斯。美国高校近几年出现了"逃离工科"的现象,选择学习商业、法律、金融等专业的学生比例较高。我国积极推动工程教育专业认证,并通过认证推动工科专业质量保障体系建设。我国积极推动工程师资格国际互认工作,在国际实质等效的标准体系建设、工程师

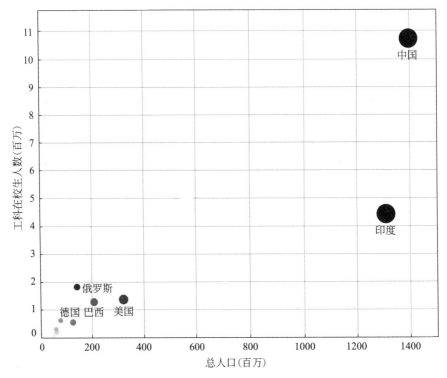

图 6-1　世界主要国家工科在校生数与总人口数之比

资料来源:ICEE 整理制图

---

① http://www.gov.cn/xinwen/2022-07/30/content_5703569.htm.

资格双边互认等方面取得了一系列重要进展。2018 年与泰国工程师委员会签署会谈纪要,双方同意 227 名中国工程师可通过简化程序注册为泰国工程师委员会外籍工程师,一定程度上解决了中泰铁路国际合作项目二期中方工程师"签字权"的问题。2019 年与缅甸工程理事会签署《工程师资格互认协议》,实现工程师资格双边互认"零"的突破。根据该协议,中国 29 名电气工程师和 5 名土木工程师成为缅甸工程理事会注册外籍工程师,为"一带一路"旗舰项目中缅经济走廊建设提供工程科技人才支撑。2022 年 6 月 30 日,我国与新加坡工程师学会签署工程师互认协议,这是首次与工程师多边互认协议成员组织签署双边互认协议。[①]

我国与全球工程教育治理中有影响力的国际组织建立了广泛的交流合作机制。例如,与联合国教科文组织、世界工程组织联合会、国际工程联盟、国际工程教育学会联盟等组织的合作持续深入,这为我国参与全球工程教育治理提供了重要的基础。多年来,我国不断提高国际工程组织参与度与影响力。例如,中国科协 1981 年代表我国正式加入 WFEO,成为其国家会员。中国科协组建了 WFEO 工作协调委员会,积极组织我国科技工作者参加 WFEO 的活动,先后成功推荐张光斗、张维、钱易、沈士团、钟义信、刘西拉等专家当选 WFEO 副主席或执委,龚克 2019 年担任 WFEO 主席。此外,近十多年来我国的工程师、工程教育专家、工程项目多次获得 WFEO 奖项。这些专家为提高我国在国际工程界的影响力和话语权做出了重要贡献。再如,在 2016 年中国工程院和清华大学共同申请的联合国教科文组织国际工程教育中心成立。该中心是联合国教科文组织在中国设立的科技类二类中心。该中心秉持人类命运共同体理念,致力于构建"平等、包容、发展、共赢"的国际工程教育共同体,推动国际工程教育合作与发展,共享工程教育发展成果。国际工程教育中心已经成为连接国内外工程教育界的重要桥梁,在开展国际合作中扮演着重要角色。

中国具有借助数字化手段开展工程教育国际合作的巨大潜力。新冠疫情期间,我国在线教育得到大规模的应用与发展,人人、时时、处处可学的全球教育新形态正在形成。[②] 信息技术也改变了高等教育在世界范围内的交流与合

---

① https://www.cast-cse.org.cn/cms/newsbxy.htm.

② 张男星,孙继红,王春春,等.我国在线高等教育发展的国际比较及推进策略[J].中国高教研究,2021(01):48-55.

作方式,共建共享在线教育资源成为新时期高等教育国际合作的新模式。① 在成功实现了"停课不停教、停课不停学"之后,中国高等教育有能力也有责任向世界各国大学生提供中国最好的课程,分享中国高等教育好的做法和经验。我国不仅拥有优质的工程教育资源,还拥有基础良好的国际化在线教育平台。例如,"学堂在线"的 1457 门优质课程由 102 所"双一流"建设高校提供,涵盖计算机、人工智能、大数据挖掘等多个工程科技前沿领域。2020 年 4 月,在中国教育部和 UNESCO 国际工程教育中心的支持下,"学堂在线"发布国际版,支持汉语、英语、俄语、西班牙语、法语及日语等多个语种教学,提供慕课、直播讲座、证书项目和在线学位等丰富多样的在线教育形式。这一平台在疫情期间被 UNESCO 官方网站向全世界的学习者推荐。一项关于国际工科学生参与中国在线工程教育的访谈调查研究②表明,我国以清华大学为代表的优质开放性工程教育资源对国际工科学生有巨大吸引力,并且工科国际学生的在线学习效果较好,从实践角度说明在线工程教育是一种有效的跨区域合作模式,也表明我国具有一定的参与全球工程教育治理能力基础。

疫情之后,我国推动和深化工程教育国际合作还面临若干突出问题。

问题一:工程教育数字化助力国际合作的总体思路不清晰,资源传播力有限,受益面较小。一是语言限制,虽然我国教育数字化转型不断加快,但是目前在工程教育领域,主要限于共享在线课程资源,绝大多数在线平台的工科课程的讲授语言为中文,即便有一定数量的海外学习者,但是占比极其有限。投入巨大的在线课程资源还难以覆盖一些发展中国家。距离人人可学、时时可学、处处可学的目标还有相当大的距离。二是参与性不足。除了清华大学等少数高校推动建立全球慕课联盟和在线教育国际合作外,国内高校通过数字化手段与境外国家开展合作的参与积极性普遍不高,深度和持续的合作缺乏。

问题二:我国工程教育对国际学生吸引力和对发展中国家工程能力建设的支持力亟待提升。一是我国工程教育对国际学生的吸引力相对较弱。一方面,我国工程教育发展水平与欧美以及德国等工程教育强国相比,还存在一定

① 陈会民,田慧君,王孙禺.计算机微专业国际项目的实施与发展——以疫情期间的实践为例[J].现代教育技术,2021,31(01):119-125.
② 陈会民,田慧君,王孙禺."一带一路"沿线国家工科大学生中国在线教育的选择动因及学习效果[J].高等工程教育研究,2022(02):100-104.

的差距。在科技研发领域，很多关键核心领域的高端技术仍然由发达国家掌握。另一方面，在一些知名世界大学排行榜上，我国工程专业一流院校的排名靠后，且仅有少数高校能跻身这些排行榜。欧美等发达国家仍然是留学生的首选地。虽然近年来我国借助"一带一路"工程建设项目、南南合作项目和中非合作项目等为当地培养了一定数量的工程技术人才，但是总体规模较小。

问题三：我国参与全球工程教育治理的总体能力有待提升。 我国在全球工程教育治理中的参与度还不够，显示度还不高，影响力还不足。大国关系自疫情暴发后愈加紧张，国家间的合作变得更加困难。[①] 虽然联合国教科文组织等国际组织一直致力于消除不同国家之间的隔阂，促进世界各国之间的合作，但这些努力的成效也因疫情的暴发和蔓延而大打折扣。面临逆全球化、单边主义、孤立主义、霸权主义、保守主义、民粹主义的冲击，以调节国际关系为初衷的国际组织，在全球治理中的权威和作用受到重大挑战，国际规则与规范被削弱，全球治理遭遇前所未有的严重危机。西方发达国家长期在工程教育理念引领、标准制定、国际互认、工程文化塑造与传播、工程教育研究等方面占据主导地位，形成了较为成熟、稳定、广泛的伙伴网络和合作机制。中国在国际工程教育组织任职的人才还不多，特别是精通工程教育、熟悉国际规则的战略性人才缺乏。此外，国际工程教育的学术期刊主要以英文发表，我国有很多工程教育经验值得向国际学术界分享，但是在学术传播力方面还有明显不足。

三、我国工程教育国际合作的若干建议

未来 10～15 年是我国深化工程教育国际合作战略的机遇期，这不仅对推动我国建设世界工程教育强国、提升国际话语权和影响力具有重大意义，同时对我国开展科技外交、营造良好的发展环境具有特殊价值。我们建议，疫情之后，我国应加快推进工程教育国际合作步伐，坚定多边主义立场，通过扩大朋友圈、建设人才池、深度参与国际治理提升国际影响力与话语权。具体建议如下：

---

① 赵可金.疫情冲击下的全球治理困境及其根源[J].东北亚论坛,2020,29(04):27-42,127.

建议一:加快完善我国的现代工程师制度体系。法定性和专业性是现代工程师制度的典型特征,通过制定法律确保工程师的法律地位,通过认证、注册和建立持续职业发展体系保障工程师质量。我国拥有世界规模最大的工程技术人员队伍,迫切需要建立与中国工业大国和强国地位相匹配的现代工程师制度。建议我国工程师制度改革从实践推动和立法推动两方面着手。在实践方面,逐步强化职业资格制度中的持续职业发展,加强已获得资格人员的终身学习支持,同时加大执业监督和职业资格有效性的审核力度,确保职业资格的高含金量;对于增量的职称评审,逐步提升权威性和标准化,逐步淡化单位评价,逐步加强专项工程团体评价,发挥工程行业学会在工程师评价中的作用。同时,进一步推动考评分离、评聘分离,提高考核评价的社会公信力。在推动立法方面,建议全国人大、人社部、工信部、中国科协及所属全国学会、中国工程院等加强工程师立法的调查研究和推动工作,重点解决工程师的法律地位问题,以及政产学主体在工程师教育和发展中的责任、权力、利益关系问题,建立统一的工程师考试机构,明确工程师注册机制等。

建议二:实施全球工程能力跨区域合作计划。全球工程合作跨区域合作趋势日益明显,我国"一带一路"等倡议与联合国《可持续发展 2030 议程》、非盟《2063 年议程》等具有战略关联性。我国工业企业在海外工程建设项目使用中国技术标准,为当地培养工程技术人才取得了很好的经验,为维持项目的本地化运营,促进当地工程能力建设方面积累了丰富经验。建议发改委、商务部、外交部在进行"一带一路"工程合作项目谈判时,将工程技术人才培养作为谈判的重点内容之一,一体化推动中国工程技术、工程标准、工程教育走出去。

建议三:提升我国在国际工程教育标准制定中的话语权。继续深度参与国际工程教育标准体系建设。积极开拓多边渠道,加强与国际工程组织和工程教育组织合作,以有效的多边合作共同推动国际工程教育发展。联合国教科文组织国际工程教育中心自 2019 年起作为核心成员共同参与国际工程联盟《毕业要求和职业胜任力》的标准修订工作,该标准已于 2022 年 6 月经国际工程联盟的七个协议批准。国际工程联盟委托国际工程教育中心完成联合国其他官方语言的翻译,并向其他国家和地区推广。在此基础上,建议国内行业学会加强与国际组织的合作,推动各领域特别是我国有技术优势领域的教育标准制定工作。同时,培养和储备精通工程教育、熟悉国际规则的战略性工程科技人才,向重点工程教育国际组织和国际互认协议举荐。

建议四:加快推动我国加入工程师资格国际互认协议。 2016 年,我国加入《华盛顿协议》的最终目标是促进工程师国际流动。我国工程教育认证体系逐步完善,国际实质等效的工程能力评价标准体系和质量保障体系逐步建立,实现了标准互认和资格互认"点"的突破。建议中国科协、人社部、教育部、中国工程院等部门加快可行性论证,协同推进我国加入国际工程联盟《国际职业工程师协议》《亚太工程师协议》。由于我国工程技术人员职称制度,建议单独设置国际职业工程师标签,完善国际等效和国内衔接的工程能力标准和持续职业质量保障体系,推动加入上述工程师资格国际互认协议,成立领导小组和工作组推动此项工作。

建议五:创建工程硕士教育互认《北京协议》。 当前世界上的工程教育互认主要集中在本科及以下层次,硕士层次的工程教育认证体系尚未建立。国内外硕士层次的工程教育发展迅速,为推动工科研究生的全球流动,亟待建立研究生层次的工程教育认证体系。建议教育部、中国工程院筹划组织召开北京论坛,邀请国际工程教育学会联盟、欧洲工程教育学会、国际工程联盟、欧洲工程教育认证网络、亚太工程组织联合会等机构参加,共同研究和发布促进工程硕士教育发展的倡议,加快研究工程硕士教育的能力素质通用标准,与此同时进行工程硕士教育互认的双边、多边协商,创建工程硕士国际互认北京协议。

建议六:举办国际工程教育高端论坛。 主动设计和发起工程教育国际合作议题。建议中国工程院、联合国教科文组织等在以往合作的基础上,共同主办双年度国际工程教育高端论坛。汇集全球工程教育、工程科技和工程管理领域的知名学者和杰出领袖,共同研讨工程教育创新发展,应对全球性重大挑战,推动世界工程科技发展和社会进步,通过不断深化学术合作,加强品牌建设,将国际工程教育论坛打造成为世界工程教育界有影响力的高端学术论坛。

建议七:实施工程教育课程资源多语种传播计划。 政府支持、行业参与、院校为主,加快推进工程教育课程资源的数字化、多语种传播。一是加强工科精品课程资源的多语种建设。建议教育部借助国家高等教育智慧教育平台、爱课程、学堂在线等现有平台资源,以多语种字幕,多语种讲授等多种方式,支持建设 500 门左右的多语种工程教育在线课程,支持发展中国家工科学生和工程技术人员的在线学习。二是创新工科精品课程传播方式。在"鸿雁星座"等全球低轨卫星移动通信与空间互联网建成后,借助空间互联网传播工程在线教育课程,扩大可及性和覆盖面。借助线上线下融合式教学,微证书项目等加快推进优质课程国际共享,发挥多语种工科精品课程在国际化人才培养中的作用。

建议八:实施青年工科教师海外任教支持计划。 建议国家留学基金委设立青年工科教师海外任教支持计划。支持有条件、有意愿的国内院校与其他发展中国家的工科院校拓展校际合作,包括选派青年工科教师到对方高校访学,选拔中方高校政治素质好、业务能力强、国际交流水平高的青年教师到发展中国家的大学工科院系任教,每期 2~3 年。期间中方高校与对方高校签订协议,认可海外任教的教学工作量,对于按照协议回国的青年教师,将海外任教经历作为职务晋升的优先条件。派出期间,按照国家公派人员享受相应待遇。派出教师所在高校及院系为派出教师提供工作所需的支持。首期每年选派 40 名左右,争取用 5 年时间,选派 200 名高校青年工科教师到发展中国家工科院系任教,成为双方教学科研合作的桥梁和纽带。此外,还要在此基础上开展评估,扩大选派范围,同时积极推动中方高校优秀工科博士毕业生到海外高校任教。

建议九:加快推进工程教育二级学科(学科方向)试点。 为加快建设中国特色、世界水平的中国工程教育体系,提高我国工程教育学术研究和教学管理水平,教育部与中国工程院会商,结合新时代工程教育肩负的使命和任务,按照先行先试、卓越引领的原则,遴选若干院校试点设置工程教育学二级学科(方向),为提升工程教育质量提供研究支撑和人才支持。试点单位应具有工科博士点,原则上应设有教育学一级学科,并具有前期工作基础,能够实施双导师制,具备工学、教育学联合培养能力。建议试点单位可根据学科建设基础和发展规划,自主决定将工程教育学方向设置在教育学或工学一级学科,自主决定培养硕士或博士,自主决定按照学术学位或专业学位培养,但均应重视工学与教育学交叉培养。

建议十:继续与 UNESCO 合作出版《工程报告》。 UNESCO 与国际工程教育中心联合出版的《工程——支持可持续发展报告》被 UNESCO 总干事评价为"UNESCO 标准制定工作的一个里程碑",是国际合作的成功案例。建议以此为基础,继续深化中国工程院、国际工程教育中心与 UNESCO 的合作,将编写第三部《工程报告》列入日程,并根据专家咨询意见确定选题。可根据实际情况,考虑编写跨区域工程报告、各领域工程报告,在此过程中积累大量的工程数据和典型案例。

附录　我国国家职业资格目录表（工程技术相关）

附表 1　我国国家职业资格目录表(工程技术相关)

序号	职业资格名称		实施部门（单位）	资格类别	设定依据
1	注册城乡规划师		自然资源部人力资源社会保障部相关行业协会	准入类	《中华人民共和国城乡规划法》
2	注册测绘师		自然资源部人力资源社会保障部	准入类	《中华人民共和国测绘法》、《注册测绘师制度暂行规定》(国人部发〔2007〕14 号)
3	核安全设备无损检验人员资格	民用核安全设备无损检验人员	生态环境部	准入类	《民用核安全设备监督管理条例》
		国防科技工业军用核安全设备无损检验人员	国防科工局	准入类	《中华人民共和国核安全法》

序号	职业资格名称		实施部门（单位）	资格类别	设定依据
4	核设施操纵人员资格	民用核设施操纵人员	生态环境部国家能源局	准入类	《中华人民共和国民用核设施安全监督管理条例》
		国防科技工业军用核设施操纵人员	国防科工局	准入类	《中华人民共和国核安全法》
5	注册核安全工程师		生态环境部人力资源社会保障部	准入类	《中华人民共和国放射性污染防治法》、《注册核安全工程师执业资格制度暂行规定》（人发〔2002〕106 号）
6	注册建筑师		全国注册建筑师管理委员会及省级注册建筑师管理委员会	准入类	《中华人民共和国建筑法》、《中华人民共和国注册建筑师条例》、《建设工程勘察设计管理条例》、《关于建立注册建筑师制度及有关工作的通知》（建设〔1994〕第598 号）
7	监理工程师		住房和城乡建设部交通运输部水利部人力资源社会保障部	准入类	《中华人民共和国建筑法》、《建设工程质量管理条例》、《监理工程师职业资格制度规定》（建人规〔2020〕3 号）、《注册监理工程师管理规定》（建设部令 2006 年第 147 号，根据住房和城乡建设部令 2016 年第 32 号修订）《公路水运工程监理企业资质管理规定》（交通运输部令 2019 年第 37 号）、《水利工程建设监理规定》（水利部令 2006 年第 28 号，根据水利部令 2017 年第 49 号修订）

序号	职业资格名称		实施部门（单位）	资格类别	设定依据
8	造价工程师		住房和城乡建设部 交通运输部 水利部 人力资源社会保障部	准入类	《中华人民共和国建筑法》、《造价工程师职业资格制度规定》（建人〔2018〕67号）、《注册造价工程师管理办法》（建设部令2006年第150号，根据住房和城乡建设部令2016年第32号、2020年第50号修订）
9	建造师		住房和城乡建设部 人力资源社会保障部	准入类	《中华人民共和国建筑法》、《注册建造师管理规定》（建设部令2006年第153号，根据住房和城乡建设部令2016年第32号修订）、《建造师执业资格制度暂行规定》（人发〔2002〕111号）
10	勘察设计注册工程师	注册结构工程师	住房和城乡建设部 人力资源社会保障部	准入类	《中华人民共和国建筑法》、《建设工程勘察设计管理条例》、《勘察设计注册工程师管理规定》（建设部令2005年第137号，根据住房和城乡建设部令2016年第32号修订）、《注册结构工程师执业资格制度暂行规定》（建设〔1997〕222号）

续表

序号	职业资格名称		实施部门 (单位)	资格类别	设定依据
10	勘察设计注册工程师	注册土木工程师	住房和城乡建设部 交通运输部 水利部 人力资源社会保障部	准入类	《中华人民共和国建筑法》、《建设工程勘察设计管理条例》、《勘察设计注册工程师管理规定》(建设部令 2005 年第 137 号,根据住房和城乡建设部令 2016 年第 32 号修订)、《注册土木工程师(岩土)执业资格制度暂行规定》(人发〔2002〕35 号)、《注册土木工程师(水利水电工程)制度暂行规定》(国人部发〔2005〕58 号)、《注册土木工程师(港口与航道工程)执业资格制度暂行规定》(人发〔2003〕27 号)、《勘察设计注册土木工程师(道路工程)制度暂行规定》(国人部发〔2007〕18 号)
		注册化工工程师	住房和城乡建设部 人力资源社会保障部		《中华人民共和国建筑法》、《建设工程勘察设计管理条例》、《勘察设计注册工程师管理规定》(建设部令 2005 年第 137 号,根据住房和城乡建设部令 2016 年第 32 号修订)、《注册化工工程师执业资格制度暂行规定》(人发〔2003〕26 号)

续表

序号	职业资格名称		实施部门（单位）	资格类别	设定依据
10	勘察设计注册工程师	注册电气工程师	住房和城乡建设部 人力资源社会保障部	准入类	《中华人民共和国建筑法》《建设工程勘察设计管理条例》《勘察设计注册工程师管理规定》(建设部令 2005 年第 137 号,根据住房和城乡建设部令 2016 年第 32 号修订)、《注册电气工程师执业资格制度暂行规定》(人发〔2003〕25 号)
		注册公用设备工程师	住房和城乡建设部 生态环境部 人力资源社会保障部		《中华人民共和国建筑法》《建设工程勘察设计管理条例》《勘察设计注册工程师管理规定》(建设部令 2005 年第 137 号,根据住房和城乡建设部令 2016 年第 32 号修订)、《注册公用设备工程师执业资格制度暂行规定》(人发〔2003〕24 号)
		注册环保工程师			《中华人民共和国建筑法》《建设工程勘察设计管理条例》《勘察设计注册工程师管理规定》(建设部令 2005 年第 137 号,根据住房和城乡建设部令 2016 年第 32 号修订)、《注册环保工程师制度暂行规定》(国人部发〔2005〕56 号)

来源:https://www.zyzgml.com/

后　　记

　　席卷全球的新冠疫情,正在重塑世界政治、经济、地缘政治的格局,环境和科技等领域也随之不断震荡,同时也对工程教育发展和国际合作格局产生了深远影响。世界各国的工程科技、教育合作也正在经历几十年来的重大考验,合作乏力、全球治理与政府失灵等问题更加凸显。然而,我国与发展中国家合作的巨大空间,又为我国带来难得的挑战和机遇,这需要及早筹谋,提出应对策略。

　　中国工程院咨询项目"新冠疫情后的工程教育与国际合作:挑战与对策"(2021-HZ-1)是在清华大学周济院士牵头和指导下完成的,是国际工程教育中心开展的国际工程教育合作战略系列研究之一,是继"一带一路"工程科技人才培养、工程教育发展趋势与前沿、工程教育共同体建设等重大研究之后的又一重要研究项目。

　　国际工程教育中心项目组以新冠疫情发生为重要时间分割点,深入探讨面临的机遇和挑战,提炼出新冠疫情后工程教育的九个重要发展趋势,归纳总结疫情期间国际工程教育组织合作的趋势,最终提出我国工程教育国际合作的应对策略。

　　项目研究期间,国际工程教育中心受邀全程参加国际工程联盟《毕业要求和职业胜任力》标准的修订,为国内外工程教育和工程师资格认证的深入开展做出新贡献。

　　项目组根据研究需求组织了专门的研究团队。由清华大学王孙禹教授担任课题执行人,项目主要执笔人包括乔伟峰、徐立辉、翁默斯、陈会民、王玉佳、李晶晶等。国际工程教育中心实习生北京理工大学研究生张仁、柯慧云,北京工业大学研究生陈睿绮等同学在材料搜集、报告翻译整理和分析方面为研究做出了重要贡献。徐立辉、陈会民和贺世宇做了最后统稿。中国工程院"青年工程科技人才自主培养的体系构建与战略对策研究"和"全球工程教育跨区域合作战略研究"等项目在此课题的基础上继续开展深入研究。

清华大学吴启迪、余寿文、袁驷、杨斌等专家教授，中国工程院王振海、樊新岩、王晓俊、马守磊、刘剑等领导同志对项目的开展给予了大力支持。

此外，国际工程教育中心研究助理李晶晶、朱盼老师为项目管理做了大量工作。

在此一并致以衷心感谢！

"工程教育国际合作：挑战与对策"项目组

2023 年 4 月